Quaderni del PLIDA

L'italiano scritto parlato certificato

A cura di Francesca Bariviera, Giammarco Cardillo, Paola Vecchio
Supervisione scientifica di Paolo Torresan

Responsabile editoriale: Ciro Massimo Naddeo
Redazione: Chiara Sandri
Copertina: Sergio Segoloni e Lucia Cesarone
Progetto audio: Vanni Cassori
Grafica e impaginazione: Andrea Caponecchia

Printed in Italy

ISBN 978-88-6182-255-0

©2020 Alma Edizioni - Firenze
Prima edizione: novembre 2020

I brani audio per le prove di comprensione orale sono disponibili online.

Fonti iconografiche
pagina 49 Wilawan Khasawong/123rf | Thanamat Somwan/123rf | Piotr Pawinski/123rf
pagina 85 Mykhailo Ridkous/123rf | Ssstocker/123rf | Dharshani Gk-arts/123rf
Nikoleta Vukovic/123rf | Ioulia Bolchakova/123rf | Maria Nikonova/123rf
pagina 88 Michal Bednarek/123rf
pagina 112 Pop Nukoonrat/123rf | Alsimonov/123rf | Alexandr Ermolaev/123rf
Jolanta Wojcicka/123rf | Jirapatch Iamkate/123rf | nito500/123rf | Sourav Mahata/123rf
tatianarimskaya/123rf | yarruta/123rf | olegdudko/123rf | Irina Pusepp/123rf | Jan Hanus/123rf
pagina 113 Alberto Bin/123rf | polifoto/123rf

L'editore è a disposizione degli aventi diritto per eventuali mancanze o inesattezze.
I diritti di traduzione, di memorizzazione elettronica, di riproduzione e di adattamento totale o parziale, con qualsiasi mezzo (compresi i microfilm e le copie fotostatiche), sono riservati per tutti i Paesi.

Alma Edizioni
viale dei Cadorna, 44
50129 Firenze
alma@almaedizioni.it
www.almaedizioni.it

INDICE

presentazione	pagina 6
introduzione	pagina 7
contenuti dell'esame	pagina 9
1. obiettivi generali e per singole abilità	pagina 10
2. domini e contesti	pagina 11
3. competenze comunicative e obiettivi generali	pagina 12
4. testi	pagina 14
informazioni generali e istruzioni	pagina 15
descrizione delle prove d'esame	pagina 17
criteri di valutazione	pagina 23
esercizi	pagina 33
prova d'esame B2	pagina 89
trascrizioni	pagina 116
soluzioni	pagina 128

introduzione

PRESENTAZIONE

Con i *Quaderni del PLIDA B2* continua la produzione di materiali preparatori per la certificazione PLIDA, che va ad affiancarsi alle risorse messe a disposizione gratuitamente dalla Società Dante Alighieri sul sito www.plida.it (prove d'esempio, prove commentate, tutorial, eccetera). Nei *Quaderni* vengono proposti materiali per esercitarsi in tutte le tecniche che sono utilizzate negli esami di certificazione PLIDA per testare le abilità di base (ascolto, lettura, scrittura, produzione orale, interazione scritta e orale).

La parte iniziale dei *Quaderni* è dedicata alla presentazione della struttura dell'esame e all'illustrazione dei princìpi in base ai quali è stato costruito; insegnanti e studenti vi troveranno inoltre i criteri di valutazione delle prove scritte e orali e gli elenchi di strutture grammaticali e sintattiche attese nelle prove di produzione di questo livello.
Nella seconda parte si propone, per ciascuna abilità, una serie di esercizi identici per formato e contenuto a quelli che gli studenti svolgono durante l'esame; nell'ultima parte, infine, è messa a disposizione una prova d'esame completa attraverso la quale gli studenti possono verificare la propria preparazione.

La panoramica offerta dai *Quaderni del PLIDA B2* consentirà a tutti coloro che sono interessati alla certificazione PLIDA di familiarizzare con il formato d'esame e di avere un'idea realistica dei compiti proposti in sede d'esame e delle competenze necessarie a superarlo.

Gli autori
Francesca Bariviera, Giammarco Cardillo, Paola Vecchio

INTRODUZIONE

Che cos'è il PLIDA?

Il Progetto Lingua Italiana Dante Alighieri (PLIDA) offre assistenza scientifica e didattica ai Comitati della Società Dante Alighieri in Italia e all'estero e a tutti gli enti (Istituti Italiani di Cultura, università, scuole pubbliche e private / Centri Territoriali Permanenti e Centri Provinciali per l'Istruzione degli Adulti, associazioni di volontariato) che insieme alla Dante lavorano per la diffusione della lingua e della cultura italiane nel mondo. Il PLIDA promuove le migliori pratiche di insegnamento e produce materiali per la didattica e la valutazione dell'italiano L2/LS: manuali e corsi di lingua, corsi di formazione e aggiornamento e strumenti per la pianificazione didattica.

La certificazione

Il certificato PLIDA attesta la competenza in lingua italiana come lingua straniera per i 6 livelli previsti dal *QCER*. Offre due percorsi di certificazione, uno rivolto a pubblico adulto (A1, A2, B1, B2, C1, C2) e uno rivolto a un pubblico di adolescenti, il PLIDA *Juniores* (A1, A2, B1, B2). Il PLIDA *Juniores* richiede le stesse competenze linguistiche generali necessarie al superamento dei test PLIDA ma propone testi e contesti d'uso familiari per i ragazzi tra i 13 e i 18 anni.

Riconoscimenti

Il certificato PLIDA è riconosciuto:
- dal Ministero degli Affari Esteri e della Cooperazione Internazionale (n. 1903 del 04/11/93);
- dal Ministero dell'Interno (DM 04/06/2010; DPR 179/2011; L. 132 del 01/12/2018);
- dal Ministero dell'Istruzione, dell'Università e della Ricerca (n. 1906 del 09/10/06);
- dalla Regione Trentino-Alto Adige (DPR 86 del 14/05/2010);
- dalla Repubblica Ellenica (ASEP);
- dalla Regione di Aragona (Boletín Oficial de Aragón 237-03/12/2014).

Il certificato PLIDA viene erogato con il plauso scientifico dell'Università «Sapienza» di Roma.
La Società Dante Alighieri è membro fondatore dell'Associazione CLIQ (Certificazione Lingua Italiana di Qualità) che agisce in convenzione con il Ministero degli Affari esteri (prot. n. 577 dell'11/02/13).
Dal 2016 la Società Dante Alighieri è affiliata all'ALTE (Association of Language Testers in Europe).

A chi è destinata la certificazione PLIDA?

Il certificato PLIDA è destinato a persone la cui lingua madre non è l'italiano. Al PLIDA hanno inoltre accesso tutti i cittadini italiani o stranieri di madrelingua italiana che abbiano bisogno di un certificato di competenza in lingua italiana per motivi di studio, di lavoro o di altro tipo.

A che cosa serve la certificazione PLIDA?

Con il certificato PLIDA puoi:
- richiedere il permesso di soggiorno in Italia (dal livello A2);
- richiedere il permesso di lungo soggiorno in Italia (carta di soggiorno CE - dal livello A2);
- richiedere la cittadinanza italiana (dal livello B1);
- richiedere il visto di ingresso in Italia per ragioni di studio;
- essere esonerato dall'esame di italiano per il patentino di bilinguismo in Trentino-Alto Adige (livello C1);
- iscriverti all'università italiana (il livello richiesto varia in base ai singoli atenei e al tipo di facoltà).

Dove fare l'esame?

I Centri certificatori PLIDA si trovano in tutto il mondo. Per consultare l'elenco aggiornato dei Centri certificatori, visita il sito www.plida.it.

contenuti dell'esame

contenuti dell'esame

1 OBIETTIVI GENERALI E PER SINGOLE ABILITÀ

Il test PLIDA di livello B2 ha l'obiettivo di verificare se il candidato

è in grado di comprendere le idee fondamentali di testi complessi su argomenti sia concreti sia astratti, comprese le discussioni tecniche nel proprio settore di specializzazione. È in grado di interagire con relativa scioltezza e spontaneità, tanto che l'interazione con un parlante nativo si sviluppa senza eccessiva fatica e tensione. Sa produrre testi chiari e articolati su un'ampia gamma di argomenti ed esprimere un'opinione su un argomento di attualità, esponendo i pro e i contro delle diverse opzioni.

Quadro comune europeo di riferimento per le lingue, p. 32

Produzione orale
È in grado di produrre descrizioni ed esposizioni chiare e precise di svariati argomenti che rientrano nel suo campo di interesse, sviluppando e sostenendo le idee con elementi supplementari ed esempi pertinenti.

Quadro comune europeo di riferimento per le lingue, p. 73

Produzione scritta
È in grado di scrivere testi chiari e articolati su diversi argomenti che si riferiscono al suo campo di interesse, valutando informazioni e argomentazioni tratte da diverse fonti e sintetizzandole.

Quadro comune europeo di riferimento per le lingue, p. 77

Comprensione orale
È in grado di comprendere i concetti fondamentali di discorsi formulati in lingua standard su argomenti concreti e astratti, anche quando si tratta di discorsi concettualmente e linguisticamente complessi; di comprendere inoltre le discussioni tecniche del suo settore di specializzazione. È in grado di seguire un discorso lungo e argomentazioni complesse purché l'argomento gli sia relativamente familiare e la struttura del discorso sia indicata con segnali espliciti.

Quadro comune europeo di riferimento per le lingue, p. 83

Comprensione di un testo scritto
È in grado di leggere in modo ampiamente autonomo, adattando stile e velocità di lettura ai differenti testi e scopi e usando in modo selettivo le opportune fonti per riferimento e consultazione. Ha un patrimonio lessicale ampio che attiva nella lettura, ma può incontrare difficoltà con espressioni idiomatiche poco frequenti.

Quadro comune europeo di riferimento per le lingue, p. 87

Interazione orale
È in grado di interagire con spontaneità e scioltezza tali da consentire una normale interazione e rapporti agevoli con parlanti nativi, senza sforzi per nessuna delle due parti. Mette in evidenza il significato che attribuisce ad avvenimenti ed esperienze, espone con chiarezza punti di vista sostenendoli con opportune spiegazioni e argomentazioni.

Quadro comune europeo di riferimento per le lingue, p. 93

Interazione scritta
È in grado di dare notizie ed esprimere punti di vista per iscritto in modo efficace e riferendosi a quanto scritto dagli altri.

Quadro comune europeo di riferimento per le lingue, p. 102

2 DOMINI E CONTESTI

Qui di seguito vengono riportati, per ciascun dominio, alcuni contesti d'uso che ricorrono nelle prove di questo livello.

Dominio personale
- in casa (guardando la TV, ascoltando la radio)
- in occasioni varie di contatto (ritrovi, riunioni familiari, cene tra amici, ecc.)

Dominio pubblico
- agli sportelli di pubblico servizio (in banca, alla posta, ecc.)
- in uffici pubblici (municipi, prefetture, questura, ecc.)

Dominio professionale
- sul proprio posto di lavoro

Dominio educativo
- a scuola
- in altri luoghi legati al proprio contesto educativo (palestra, mensa, cortile, biblioteca, ecc.)
- all'università
- a convegni e seminari di studio

contenuti dell'esame

3 COMPETENZE COMUNICATIVE E OBIETTIVI GENERALI

Il candidato del livello B2 deve sapere — Esempi

Il candidato del livello B2 deve sapere	Esempi
individuare rapidamente in articoli e relazioni informazioni nuove e rilevanti su un'ampia gamma di argomenti;	Scorrere un articolo di una rivista specializzata per avere un'idea delle informazioni principali.
scorrere testi lunghi e complessi per individuare informazioni utili e rilevanti;	Leggere un articolo di argomento scientifico su una rivista di taglio divulgativo.
capire il senso globale e i passaggi logici di un testo argomentativo scritto;	Riconoscere il punto di vista espresso in un editoriale.
capire il senso generale e la gran parte del contenuto di lettere di argomento non quotidiano;	Individuare le informazioni principali in una lettera spedita da un ufficio pubblico, una banca, ecc.
capire i concetti fondamentali di discorsi complessi formulati in lingua standard su argomenti concreti e astratti;	Seguire un dibattito televisivo su un tema controverso.
comprendere quasi tutti i testi informativi radiofonici e altro materiale audio registrato o trasmesso via radio in lingua standard, identificando lo stato d'animo e l'atteggiamento di chi parla;	Seguire un'intervista fatta alla radio o in un video in cui si discute di un libro, di un film o di una mostra.
cogliere gli elementi essenziali di conferenze, discorsi e relazioni e di altre esposizioni accademiche o professionali complesse;	Seguire una conferenza in cui vengono discussi temi specialistici con un linguaggio divulgativo.
impegnarsi in una lunga conversazione su quasi tutti gli argomenti di ordine generale, illustrando e sostenendo il proprio punto di vista con elementi ed esempi pertinenti, intervenendo in modo adeguato, con un certo grado di fluenza e con scelte di registro appropriate;	Partecipare a una discussione su un argomento di attualità.

Il candidato del livello B2 deve sapere	Esempi
fornire descrizioni chiare e precise relative ad argomenti, esperienze e procedure che rientrano nel proprio campo di interesse;	Illustrare a un professore il proprio percorso formativo o un progetto di studio, mettendone in luce i punti salienti.
fare ipotesi e progetti, parlare di fatti probabili o di progetti non realizzati;	Progettare insieme ad altri un'attività di studio o di lavoro.
negoziare per risolvere una situazione conflittuale;	Trovare un accordo su una questione controversa con i propri colleghi di studio o lavoro.
esprimere sentimenti, atteggiamenti e stati d'animo;	Dire come ci si sente rispetto a una notizia, a un evento, all'opinione espressa da qualcuno, ecc.
raccontare fatti personali, storici e di fantasia;	Raccontare un'esperienza passata particolarmente significativa.
sviluppare un'argomentazione, fornendo motivazioni a favore o contro un determinato punto di vista e spiegando vantaggi e svantaggi delle diverse opzioni;	Scrivere un post in un blog prendendo posizione su un argomento di attualità.
dare notizie ed esprimere punti di vista utilizzando informazioni e argomentazioni tratte da testi diversi.	Scrivere una relazione di studio o di lavoro riportando dati, opinioni e argomentazioni tratti da più fonti.

contenuti dell'esame

4 TESTI

Al livello B2 è possibile incontrare un'ampia gamma di tipologie e generi testuali. L'elenco seguente ne riporta alcuni a titolo d'esempio.

Testi scritti
- Abstract
- Articoli di giornale su fatti di attualità
- Brani letterari di narrativa contemporanea
- Curriculum vitae
- Documenti ufficiali
- Editoriali
- Regolamenti
- Lettere ed e-mail formali di lavoro, di protesta per un disservizio, ecc.
- Lettere ed e-mail motivazionali (di accompagnamento a un CV, per partecipare a un progetto, per chiedere una borsa di studio, ecc.)
- Lettere ed e-mail personali
- Progetti semplici legati ad attività di studio e di lavoro
- Programmi (di corsi di studio, di convegni, di eventi culturali, ecc.)
- Recensioni di film o libri
- Rubriche di giornali, riviste e siti internet
- Saggi brevi
- Scritture memorialistiche
- Testi scolastici
- Verbali, relazioni e resoconti
- Voci di dizionari ed enciclopedie
- ecc.

Testi orali
- Colloqui di lavoro
- Conferenze
- Cronache sportive
- Dibattiti televisivi
- Documentari brevi
- Interazioni formali e informali sul luogo di lavoro su argomenti legati al proprio campo di interesse
- Interazioni formali per usufruire di servizi
- Interviste
- Lezioni universitarie
- Notiziari e trasmissioni radiofoniche e televisive in lingua standard
- Presentazioni in ambito lavorativo (di prodotti, progetti, azioni, ecc.)
- Racconti e resoconti di fatti, opinioni altrui e conversazioni
- ecc.

informazioni generali e istruzioni

informazioni generali e istruzioni

INFORMAZIONI GENERALI E ISTRUZIONI

La prova PLIDA B2 si compone di quattro abilità: **Ascoltare**, **Leggere**, **Scrivere** e **Parlare**.
Per superare l'esame è necessario ottenere un punteggio di almeno 18/30 in ogni abilità.

Le prove di **ricezione** (Ascoltare e Leggere) prevedono tutte esercizi a risposta chiusa. Alle singole risposte viene assegnato un punteggio diverso in base al livello di difficoltà della domanda registrato in fase di sperimentazione: chi risponde correttamente alle domande più difficili ottiene più punti.

La prova **Ascoltare** dura 50 minuti circa ed è composta da quattro parti, per un totale di 18 item.
I punti disponibili sono 30 in tutto; per superare la prova bisogna ottenere 18 punti. Le domande sbagliate, quelle lasciate in bianco o quelle cui viene data più di una risposta valgono 0 punti. Il valore di ogni risposta esatta è segnato all'inizio di ogni parte.

La prova **Leggere** dura 70 minuti ed è composta da quattro parti, per un totale di 15 item.
I punti disponibili sono 30 in tutto; per superare la prova bisogna ottenere 18 punti. Le domande sbagliate, quelle lasciate in bianco o quelle cui viene data più di una risposta valgono 0 punti. Il valore di ogni risposta esatta è segnato all'inizio di ogni parte.

Le risposte date alle domande delle prove di ricezione devono essere riportate sul foglio delle risposte del candidato (vedi pagina 106).

Le prove di **produzione** (Scrivere e Parlare) sono costituite da esercizi di vario tipo, che vengono valutati sulla base dei criteri descritti nei paragrafi "Criteri di valutazione delle prove di scrittura" (vedi pagina 24) e "Criteri di valutazione delle prove di produzione orale" (vedi pagina 25).

La prova **Scrivere** dura 60 minuti ed è composta da due esercizi di scrittura guidata.

La prova **Parlare** dura circa 15 minuti ed è composta da una parte di presentazione, una di interazione e una di monologo. Solo la seconda e la terza parte della prova vengono valutate.

Tutte le prove si considerano superate se ottengono un punteggio minimo di 18/30. I candidati che non superano le prove di una o più abilità, fino a tre, possono recuperarle nei 18 mesi successivi in tutte le sessioni utili previste dal calendario PLIDA (disponibile su www.plida.it); i candidati possono tentare il recupero anche più volte nel corso dei 18 mesi. Le prove di recupero possono essere svolte anche in Centri PLIDA diversi da quello in cui si è sostenuto l'esame la prima volta: sarà sufficiente presentarsi nel Centro con il proprio Codice personale, rilasciato al momento della prima iscrizione.

descrizione delle prove d'esame

descrizione delle prove d'esame

DESCRIZIONE GENERALE DELL'ESAME

Prova	Formato	Durata	Item totali	Il candidato deve dimostrare di saper… *(QCER)*
Ascoltare	4 parti	50 minuti circa	18	… comprendere i concetti fondamentali di discorsi formulati in lingua standard su argomenti concreti e astratti, anche quando si tratta di discorsi concettualmente e linguisticamente complessi; di comprendere inoltre le discussioni tecniche del suo settore di specializzazione. È in grado di seguire un discorso lungo e argomentazioni complesse purché l'argomento gli sia relativamente familiare e la struttura del discorso sia indicata con segnali espliciti.
Leggere	4 parti	70 minuti	15	… leggere in modo ampiamente autonomo, adattando stile e velocità di lettura ai differenti testi e scopi e usando in modo selettivo le opportune fonti per riferimento e consultazione. Ha un patrimonio lessicale ampio che attiva nella lettura, ma può incontrare difficoltà con espressioni idiomatiche poco frequenti.
Parlare	2 parti + presentazione	15 minuti circa	-	… produrre descrizioni ed esposizioni chiare e precise di svariati argomenti che rientrano nel suo campo di interesse, sviluppando e sostenendo le idee con elementi supplementari ed esempi pertinenti. … interagire con spontaneità e scioltezza tali da consentire una normale interazione e rapporti agevoli con parlanti nativi, senza sforzi per nessuna delle due parti. Mette in evidenza il significato che attribuisce ad avvenimenti ed esperienze, espone con chiarezza punti di vista sostenendoli con opportune spiegazioni e argomentazioni.
Scrivere	2 parti	60 minuti	-	… scrivere testi chiari e articolati su diversi argomenti che si riferiscono al suo campo di interesse, valutando informazioni e argomentazioni tratte da diverse fonti e sintetizzandole. È in grado di dare notizie ed esprimere punti di vista per iscritto in modo efficace e riferendosi a quanto scritto dagli altri.

Prove di ricezione

Ascoltare

Durata complessiva: 50 minuti circa
Numero di item: 18

Tipo di audio: i testi della prova orale utilizzati nelle prove di certificazione sono autentici. Per ragioni di copyright i testi orali proposti nel Quaderno sono stati registrati in studio da attori professionisti.

PRIMA PARTE
Durata: 7 minuti circa
Numero e tipo di testi: 4 monologhi su uno stesso argomento
Tipo di audio: registrazioni tratte da tv, radio, internet, ecc.
Tipo di esercizio: abbinamento testo / audio
Numero di item: 4
Tipo di comprensione: globale / analitica
Competenza: comprendere dettagli e punti di vista pronunciati in discorsi in lingua standard su argomenti di attualità

SECONDA PARTE
Durata: 14 minuti circa
Numero e tipo di testi: 3 brani monologici o dialogici
Tipo di audio: registrazioni tratte da tv, radio, internet, ecc.
Tipo di esercizio: completamento di frasi a scelta multipla con 3 opzioni
Numero di item: 6 (2 per ogni testo)
Tipo di comprensione: globale / analitica
Competenza: comprendere concetti generali e dettagli di diversi tipi di testi informativi radiofonici e altro materiale audio registrato in lingua standard

TERZA PARTE
Durata: 10 minuti circa
Numero e tipo di testi: 1 brano monologico o dialogico
Tipo di audio: registrazioni tratte da tv, radio, internet, ecc.
Tipo di esercizio: completamento di frasi a scelta multipla con 3 opzioni
Numero di item: 4
Tipo di comprensione: globale / analitica
Competenza: capire i concetti fondamentali e alcuni dettagli di discorsi complessi formulati in lingua standard su argomenti concreti e astratti

QUARTA PARTE
Durata: 8 minuti circa
Numero e tipo di testi: 2 brani monologici
Tipo di audio: registrazioni tratte da tv, radio, internet, ecc.
Tipo di esercizio: completamento di frasi con abbinamento
Numero di item: 4 (2 per ogni testo)
Tipo di comprensione: analitica
Competenza: cogliere gli elementi essenziali di conferenze, discorsi e relazioni accademiche o professionali

descrizione delle prove d'esame

■ Leggere

Durata complessiva: 70 minuti
Numero di item: 15

Testi autentici / adattati: i testi della prova **Leggere** sono tutti autentici. Eventuali modifiche riguardano tagli di parti la cui assenza non compromette la coerenza e la coesione del testo.

PRIMA PARTE
Numero e tipo di testi: 1 testo di tipo narrativo / espositivo
Numero di parole: 500 circa
Tipo di esercizio: completamento di frasi a scelta multipla con 4 opzioni
Numero di item: 3
Tipo di comprensione: globale / analitica
Competenza: comprendere testi relativi ad aspetti del mondo contemporaneo o brani di letteratura scritti in un linguaggio diretto e non troppo elaborato

SECONDA PARTE
Numero e tipo di testi: 2 testi argomentativi / espositivi sullo stesso tema
Numero di parole: 500 circa
Tipo di esercizio: completamento di una griglia
Numero di item: 5
Tipo di comprensione: analitica
Competenza: leggere testi di una certa lunghezza alla ricerca di informazioni specifiche e reperire informazioni utili in punti diversi di un testo o in testi diversi

TERZA PARTE
Numero e tipo di testi: 1 testo di tipo argomentativo
Numero di parole: 500 circa
Tipo di esercizio: incastro di paragrafi
Numero di item: 3
Tipo di comprensione: globale
Competenza: capire i passaggi e il senso globale di un testo argomentativo scritto

QUARTA PARTE
Numero e tipo di testi: 1 testo espositivo / informativo di tipo scientifico / specialistico
Numero di parole: 500 circa
Tipo di esercizio: abbinamento paragrafo / domanda
Numero di item: 4
Tipo di comprensione: globale
Competenza: capire il senso generale e la gran parte del contenuto di testi di argomento non quotidiano

Prove di produzione

Scrivere
Durata complessiva: 60 minuti

PRIMA PARTE
Numero di parole: minimo 160 – massimo 200
Tipo di prova: scrittura guidata di un testo informativo
Svolgimento della prova: sulla base di un input scritto il candidato scrive un testo sviluppando una serie di funzioni indicate in una scaletta
Competenza: fornire informazioni ed esporre contenuti in modo efficace, riferendosi a quanto scritto da altri

SECONDA PARTE
Numero di parole: minimo 160 – massimo 200
Tipo di prova: scrittura guidata di un testo argomentativo
Svolgimento della prova: il candidato sceglie fra 2 tracce; per ogni traccia riceve delle fonti scritte o visive (per esempio brevi schede critiche di film italiani molto noti; brevi recensioni; immagini, ecc.) e una serie di punti che indicano le funzioni che devono essere sviluppate nel testo
Competenza: sviluppare un'argomentazione, fornendo motivazioni a favore o contro un determinato punto di vista

descrizione delle prove d'esame

● Parlare
Durata complessiva: 15 minuti circa

PRESENTAZIONE (2 minuti circa)	Questa parte **non è oggetto di valutazione**; serve a mettere il candidato a proprio agio e a introdurlo all'esame. L'intervistatore, dopo essersi presentato, chiede al candidato di presentare brevemente se stesso e di spiegare il motivo dello studio dell'italiano. Il candidato dovrà presentarsi e parlare dei suoi progetti di studio e / o di lavoro.
PRIMA PARTE INTERAZIONE	**Durata:** minimo 3 / massimo 4 minuti + 3 minuti di preparazione **Tipo di prova:** interazione a coppie o interazione con l'intervistatore **Svolgimento della prova:** i due candidati devono accordarsi per trovare una soluzione a un problema, risolvere un conflitto o superare una divergenza di opinioni, dopo aver valutato i pro e i contro delle rispettive posizioni iniziali. I candidati ricevono una dettagliata scaletta dell'interazione **Competenze:** esprimere le proprie opinioni; ribattere a un'argomentazione; negoziare per risolvere una situazione conflittuale; esprimere sentimenti, atteggiamenti e stati d'animo
SECONDA PARTE MONOLOGO	**Durata:** minimo 3 / massimo 4 minuti + 3 minuti di preparazione **Tipo di prova:** monologo **Svolgimento della prova:** il candidato legge uno o più materiali informativi e prepara un monologo nel quale riporta quello che ha letto ed esprime la propria opinione facendo riferimento alla propria esperienza personale. Il candidato riceve una scaletta che lo aiuta a pianificare il monologo. Alla fine del monologo il candidato risponde a una domanda dell'intervistatore **Competenze:** affrontare un'esposizione complessa su una vasta gamma di argomenti di ordine generale, illustrando e sostenendo il proprio punto di vista con elementi ed esempi pertinenti

criteri di valutazione

criteri di valutazione

CRITERI DI VALUTAZIONE DELLE PROVE DI SCRITTURA

Le prove di produzione scritta vengono esaminate e valutate presso la Sede centrale della Società Dante Alighieri da una squadra di collaboratori esperti selezionata, formata e costantemente monitorata dai responsabili del PLIDA.

I parametri sui quali vengono valutate le prove sono:

- Contenuto e svolgimento del compito: attraverso questo parametro viene valutata l'aderenza della *performance* alla traccia data e l'efficacia comunicativa del candidato nello svolgimento delle prove.
- Coerenza e coesione: questo parametro valuta l'organizzazione generale del testo e l'uso di coesivi e connettivi attesi per il livello B2[1].
- Lessico: il parametro fa riferimento all'ampiezza e alla padronanza lessicale attese da un candidato di livello B2 in rapporto alla consegna proposta.
- Grammatica, ortografia e punteggiatura: con questo parametro si valuta il livello di competenza grammaticale e ortografica. Le strutture utilizzate dai candidati vengono considerate in rapporto alle caratteristiche dell'interlingua attesa da uno scrivente di livello B2[1].

Per esprimere la propria valutazione l'esaminatore utilizza le griglie riportate nelle pagine 26-27.

---

[1] Si veda l'*Elenco delle strutture ricorrenti nelle prove di produzione Plida B2* a pagina 30.

CRITERI DI VALUTAZIONE DELLE PROVE DI PRODUZIONE ORALE

Le prove di produzione orale vengono esaminate e valutate in loco dalle commissioni d'esame autorizzate presso i Centri d'esame; le valutazioni espresse dai Centri vengono monitorate dalla Sede centrale della Società Dante Alighieri attraverso una squadra di collaboratori esperti selezionata e formata dai responsabili del PLIDA, che riascolta le prove registrate e invia un feedback alle commissioni.

I parametri sui quali vengono valutate le prove sono:

- **Efficacia comunicativa:** attraverso questo parametro si valuta l'aderenza della *performance* alla traccia data e l'efficacia comunicativa del candidato nello svolgimento delle prove, con particolare attenzione agli aspetti pragmatici e a quelli relativi all'organizzazione del discorso.
- **Interazione:** questo parametro valuta, solo nella prova di **Interazione**, la capacità di iniziare, proseguire o terminare una conversazione, di applicare le regole di cortesia o le strategie sociolinguistiche opportune.
- **Lessico:** attraverso questo parametro vengono valutate l'ampiezza e la padronanza lessicale in riferimento a quelle attese da un candidato di livello B2 in rapporto alla consegna proposta.
- **Grammatica:** con questo parametro si valuta il livello di competenza grammaticale. Le strutture utilizzate dai candidati vengono considerate in rapporto alle specificità dell'italiano parlato e alle caratteristiche dell'interlingua attesa dal parlante di livello B2.
- **Pronuncia:** questo parametro descrive la competenza fonologica e il livello di comprensibilità attesi per il livello.

Per esprimere la propria valutazione l'esaminatore utilizza le griglie riportate nelle pagine 28-29.

criteri di valutazione

CRITERI DI VALUTAZIONE DELLE PROVE DI SCRITTURA

Punti	Contenuto e svolgimento del compito	Coerenza e coesione
10 / 9	• Affronta tutti i punti della scaletta in modo adeguato e articolato. • I dettagli e gli esempi sono pertinenti. • Le caratteristiche del testo (tipologia, registro, formule, ecc.) rispondono pienamente alla richiesta.	• La gerarchia delle informazioni è chiara: viene dato il giusto risalto agli elementi principali rispetto ai dettagli. • Il testo presenta una buona varietà di coesivi e connettivi[1] usati in modo efficace.
8 / 7	• Affronta i punti della scaletta in modo adeguato, anche se alcuni possono essere meno sviluppati di altri. • La maggior parte dei dettagli è pertinente. • Le caratteristiche del testo (tipologia, registro, formule, ecc.) sono adatte alla richiesta.	• La gerarchia delle informazioni è abbastanza evidente e ben definita. • Il testo presenta un numero discreto di coesivi e connettivi[1] usati in modo per lo più efficace.
6 / 5	• Affronta a grandi linee tutti i punti della scaletta o ne sviluppa solo alcuni in maniera adeguata. • Alcuni dettagli possono essere irrilevanti o appena accennati. • Le caratteristiche del testo (tipologia, registro, formule, ecc.) rispondono abbastanza a quanto richiesto; possono comparire piccole incongruenze.	• La gerarchia delle informazioni è abbastanza chiara, anche se in alcune parti non ben definita. • Il testo presenta un numero limitato di coesivi e connettivi[1], non sempre usati in modo efficace.
4 / 3	• Gran parte dei punti della scaletta non viene sviluppata; oppure viene sviluppata in modo non adeguato. • Quasi tutti i dettagli sono irrilevanti o solo accennati. • Le caratteristiche del testo (tipologia, registro, formule, ecc.) non sono adatte alla richiesta.	• Nel testo è impossibile distinguere tra elementi principali e dettagli; le informazioni sono giustapposte. • I coesivi e i connettivi usati sono solo quelli previsti per il livello B1.
2 / 1	• Il testo non risponde alla consegna. • Il testo è costituito prevalentemente da ripetizioni, elenchi, informazioni irrilevanti.	• Il testo è scarsamente coeso: non è facile stabilire quale sia il filo logico. • Usa un numero ristretto di coesivi e connettivi, riferibili al livello B1 o a livelli inferiori.
	• Il testo è incomprensibile o non valutabile.	• Il testo è incomprensibile o non valutabile.

[1] Di quelli previsti per il livello. Si veda a pagina 30 l'*Elenco delle strutture ricorrenti nelle prove di produzione PLIDA B2*.

Lessico	Grammatica, ortografia, punteggiatura
• Ha un repertorio ampio e usa un buon numero di termini specifici[2]. • Usa in modo appropriato molte locuzioni e collocazioni. • Riformula i concetti per evitare ripetizioni. • Usa circonlocuzioni appropriate per colmare le lacune lessicali. • Occasionali interferenze con altre lingue.	• Il testo presenta una buona varietà di strutture[3]. • Padronanza grammaticale molto buona. • Compaiono sbagli occasionali. • Buon controllo dell'ortografia e della punteggiatura.
• Ha un repertorio adeguato; usa qualche termine specifico[2]. • Usa in modo appropriato varie locuzioni e collocazioni. • Riformula i concetti per evitare ripetizioni, anche se con qualche incertezza. • Usa circonlocuzioni per colmare le lacune lessicali, anche se a volte può risultare impreciso. • Occasionali interferenze con altre lingue.	• Il testo presenta una discreta varietà di strutture[3]. • Buona padronanza grammaticale. • Gli errori compaiono soprattutto nei passaggi più complessi. • Discreto controllo dell'ortografia e della punteggiatura.
• Ha un repertorio sufficiente a rispondere alle richieste. • Usa per lo più in modo appropriato un numero discreto di locuzioni e collocazioni. • A volte varia le formulazioni, a volte si ripete. • Usa circonlocuzioni per colmare le lacune, anche se a volte rischia di apparire vago. • Occasionali interferenze con altre lingue.	• Il testo presenta un numero limitato di strutture del livello[3]. • Padronanza grammaticale adeguata. • Gli errori, anche se diffusi, non provocano fraintendimenti. • Ortografia e punteggiatura ragionevolmente corrette. Possono comparire tracce dell'influenza di altre lingue.
• Ha un repertorio inadeguato a rispondere alle richieste. • Usa un numero ristretto di locuzioni e le collocazioni, spesso in modo inappropriato. • Compaiono interferenze con altre lingue. • Frequenti ripetizioni dovute a lacune. • Uso eccessivo di termini generici e di espressioni vaghe.	• L'uso di strutture di livello B2[3] è sporadico: le strutture utilizzate sono quasi tutte dei livelli inferiori. • Padronanza grammaticale insufficiente. • Gli errori rendono incomprensibili una o più parti del testo o ne rendono faticosa la lettura.
• Uso frequente di vocaboli elementari. • Frequenti errori lessicali e interferenze con altre lingue. • Estrema difficoltà a reperire termini adeguati per portare a termine il compito.	• Il testo presenta un numero limitato di strutture, riferibili al livello B1 o a livelli inferiori. • Gli errori rendono faticosa la lettura di gran parte del testo.
• Il testo è incomprensibile o non valutabile.	• Il testo è incomprensibile o non valutabile.

[2] In rapporto a quanto richiesto nelle consegne.
[3] Tra quelle previste per il livello. Si veda l'*Elenco delle strutture ricorrenti nelle prove di produzione PLIDA B2* a pagina 30.

criteri di valutazione

CRITERI DI VALUTAZIONE DELLE PROVE DI PRODUZIONE ORALE

Punti	Efficacia comunicativa	Interazione (solo per la prova di interazione)
10 / 9	• Realizza i compiti in modo pienamente soddisfacente. • Si esprime in modo chiaro e ben strutturato; usa i connettivi[4] in modo efficace. • Le argomentazioni sono precise e arricchite di esempi o dettagli. • Si esprime con scioltezza e spontaneità tali da non richiedere sforzo da parte di chi ascolta.	• Si collega efficacemente agli interventi dell'interlocutore. • Sviluppa attivamente ed efficacemente il discorso con nuovi argomenti. • Prende, mantiene e cede la parola con sicurezza, con un uso efficace dei segnali discorsivi.
8 / 7	• Realizza i compiti in modo adeguato anche se alcuni punti possono essere meno sviluppati di altri. • Si esprime quasi sempre in modo chiaro e strutturato; usa i connettivi[4] in modo abbastanza efficace. • Le argomentazioni sono abbastanza precise e supportate da dettagli. • Generalmente sciolto; qualche esitazione in turni lunghi o in argomentazioni complesse.	• Si collega in modo quasi sempre appropriato agli interventi dell'interlocutore. • Propone argomenti per sviluppare il discorso. • Prende, mantiene e cede la parola in modo appropriato; qualche incertezza nell'uso dei segnali discorsivi.
6 / 5	• Realizza i compiti assegnati in parte o in modo approssimativo. • Si esprime in modo sufficientemente chiaro e strutturato, anche se con qualche incertezza. • Argomentazioni non del tutto precise; possono comparire dettagli poco pertinenti. • Si esprime con scioltezza, ma alcuni passaggi possono richiedere un leggero sforzo da parte di chi ascolta.	• Gli interventi sono pertinenti, ma non sempre collegati a quelli dell'interlocutore. • Recepisce gli stimoli e li sviluppa aggiungendo qualche elemento. • Prende, mantiene e cede la parola a volte in modo inappropriato. • Gestisce in modo adeguato i livelli di formalità richiesti dalle situazioni, con qualche incongruenza nell'uso dei registri.
4 / 3	• Realizza i compiti in minima parte o in modo non adeguato. • Il discorso è poco coeso, a tratti confuso. • Argomentazioni insufficienti e piuttosto povere. • Blocchi e pause innaturali pregiudicano la scioltezza.	• Gli interventi sono poco pertinenti e spesso non collegati a quelli dell'interlocutore. • Si limita a rispondere agli stimoli esterni, senza contribuire attivamente al discorso. • Prende, mantiene e cede la parola con difficoltà o in modo inappropriato. • Mostra evidenti incertezze nella gestione dei registri e del livello di formalità richiesti.
2 / 1	• I compiti non sono portati a compimento. • Si esprime in modo eccessivamente semplice e buona parte del messaggio non è chiara. • Le idee non sono sostenute da argomentazioni. • Esitazioni continue e discorso frammentario.	• Gli interventi sono scollegati da quelli dell'interlocutore. • Ha bisogno di uno stimolo costante per procedere. • Non ha alcuna consapevolezza del registro da adottare.
	• Il testo è incomprensibile o non valutabile.	• Il testo è incomprensibile o non valutabile.

[4] Di quelli previsti per il livello. Si veda l'*Elenco delle strutture ricorrenti nelle prove di produzione PLIDA B2* a pagina 30.

Lessico	Grammatica	Pronuncia[5]
• Ha un repertorio ampio e usa un buon numero di termini specifici[5]. • Usa in modo appropriato locuzioni e collocazioni. • Usa circonlocuzioni appropriate per colmare le lacune lessicali. • Occasionali interferenze con altre lingue.	• Dimostra di possedere una buona varietà di strutture[6]. • Ha una buona padronanza grammaticale; compaiono sbagli occasionali, generalmente autocorretti.	• Pronuncia chiara e naturale. • Gli errori fonologici sono occasionali e generalmente autocorretti. • Usa abilmente intonazione e ritmo per sottolineare ciò che ritiene importante.
• Ha un repertorio adeguato; usa qualche termine specifico[5]. • Usa in modo quasi sempre appropriato locuzioni e collocazioni. • Usa circonlocuzioni per colmare le lacune lessicali, anche se a volte può risultare impreciso. • Occasionali interferenze con altre lingue.	• Dimostra di possedere una discreta varietà di strutture[6]. • Ha una discreta padronanza grammaticale; gli errori compaiono soprattutto nei passaggi più complessi.	• Pronuncia chiara e naturale. • Pochi errori fonologici, non sempre autocorretti. • Ricorre in modo abbastanza efficace all'intonazione e al ritmo per sottolineare ciò che ritiene importante.
• Ha un repertorio sufficiente a rispondere alle richieste. • Usa circonlocuzioni per colmare le lacune, anche se a volte rischia di apparire vago. • Occasionali interferenze con altre lingue.	• Dimostra di possedere un numero limitato di strutture[6]. • Tende a preferire le strutture semplici a quelle complesse. • Ha una padronanza grammaticale sufficiente. Gli errori, anche se diffusi, non provocano fraintendimenti.	• Pronuncia chiara, talvolta poco naturale. • Gli errori fonologici, anche evidenti, non ostacolano mai la comprensione. • Ricorre a tratti all'intonazione e al ritmo per sottolineare ciò che ritiene importante, ma non sempre ci riesce.
• Ha un repertorio inadeguato a rispondere alle richieste. • Compaiono interferenze con altre lingue. • Uso eccessivo di termini generici e di espressioni vaghe.	• Dà l'impressione di saper utilizzare solo strutture dei livelli inferiori. • Ha una padronanza grammaticale insufficiente; gli errori a volte impediscono la comprensione.	• Errori fonologici e difficoltà articolatorie possono pregiudicare la comprensione del messaggio. • In alcuni passaggi l'interlocutore può essere costretto a interpretare quello che il candidato intende comunicare.
• Uso frequente di vocaboli elementari. • Frequenti errori lessicali e interferenze con altre lingue. • Estrema difficoltà a reperire termini adeguati per portare a termine il compito.	• Dimostra incertezze anche sulle strutture dei livelli inferiori. • Gli errori impediscono spesso la comprensione.	• Gli errori fonologici e le difficoltà articolatorie sono molto frequenti. • L'interlocutore può essere costretto a interpretare la maggior parte di quello che il candidato intende comunicare.
• Il testo è incomprensibile o non valutabile.	• Il testo è incomprensibile o non valutabile.	• Il testo è incomprensibile o non valutabile.

[5] In rapporto a quanto richiesto dalle consegne.
[6] Si veda l'*Elenco delle strutture ricorrenti nelle prove di produzione PLIDA B2* a pagina 30.

criteri di valutazione

Strutture ricorrenti nelle prove di produzione del livello B2 del PLIDA

L'elenco seguente è stato ottenuto incrociando l'elenco delle strutture del livello B2 del *Profilo della lingua italiana*[1] con i dati ricavati dallo spoglio delle prove di produzione scritta e orale PLIDA e PLIDA Juniores degli anni passati. L'elenco sarà costantemente validato e aggiornato, di sessione in sessione, tramite lo spoglio di un campione di prove di produzioni superate.
Si è deciso di limitare la lista:

- alle strutture che, con la loro presenza, danno agli esaminatori indicazioni sullo stadio dell'interlingua dell'esaminato (come nel caso del passato remoto);
- alle strutture più evidentemente connesse con le competenze richieste per il livello (come per esempio l'uso del periodo ipotetico per formulare ipotesi e valutare conseguenze).

L'elenco, quindi, non descrive compiutamente tutte le strutture attese al livello B2 né intende suggerire l'idea che tutte le strutture debbano essere presenti nelle produzioni scritte e orali dei candidati. L'elenco si limita a dare indicazioni sugli aspetti morfosintattici cui è il caso che i candidati e i docenti in fase di preparazione, e gli esaminatori in fase di valutazione prestino maggiore attenzione.

Naturalmente non ci si aspetta che le strutture della lista vengano usate con piena padronanza, anche se da un candidato di livello B2 ci si attende in generale un buon controllo grammaticale.
Ricordiamo in proposito che le griglie di valutazione PLIDA descrivono così l'ampiezza e l'accuratezza grammaticale attese da un candidato di livello B2 appena sufficiente (fascia 5-6):

Per la produzione scritta:	Per la produzione orale:
• Il testo presenta un numero limitato di strutture del livello. • Padronanza grammaticale adeguata. • Gli errori, anche se diffusi, non provocano fraintendimenti. • Ortografia e punteggiatura ragionevolmente corrette. Possono comparire tracce dell'influenza di altre lingue.	• Dimostra di possedere un numero limitato di strutture. • Tende a preferire le strutture semplici a quelle complesse. • Ha una padronanza grammaticale sufficiente. Gli errori, anche se diffusi, non provocano fraintendimenti.

Morfologia

Nomi
- Nomi astratti difettivi che si usano solo al singolare (per esempio *gioventù*, *impossibilità*, *serietà*, *unanimità*)
- Nomi sovrabbondanti (per esempio i *muri*, le *mura*)

Aggettivi
- Indefiniti *qualsiasi, qualunque, qualche, certo, vario*
- Possessivo *proprio*
- Rafforzativo *stesso, tale*

---

[1] B. Spinelli, F. Parizzi, *Profilo della lingua italiana. Livelli di riferimento del QCER A1, A2, B1, B2*, Firenze, La Nuova Italia, 2010.

Pronomi
- *Cui* relativo introdotto da preposizione
- Dimostrativo *ciò*
- Forma sostantivata *il che*
- Indefiniti *qualcuno, ognuno, ciascuno, chiunque*
- *Ne* con valore genitivo, partitivo, di argomento
- Pronome relativo doppio *(tutto) quello / ciò che*
- Pronome relativo doppio *chi, quanto*
- Pronome *si* nella costruzione passivante
- Pronomi combinati in enclisi
- Pronomi combinati: pronome + *si* impersonale e riflessivo
- Relativo *il / la quale*

Verbi
- Condizionale passato con valore ipotetico, di futuro nel passato, attenuativo
- Congiuntivo presente, passato, imperfetto, trapassato
- *Fare* e *lasciare* in costruzioni causative
- Gerundio presente e passato con valore modale, temporale, causale
- Impersonali *basta che, bisogna che* + congiuntivo, *sta a* con valore deontico
- Passato remoto
- Passivo con ausiliare *essere* e *venire*
- *Si* passivante
- *Stare a* + infinito
- *Stare per* + infinito

Preposizioni
- La preposizione *da* + infinito con valore finale, consecutivo, limitativo
- La preposizione *da* con funzione di agente, causa efficiente, qualità
- La preposizione *su* con valore di argomento e limitazione
- Locuzioni preposizionali con valore limitativo *in merito a, riguardo a, in riferimento a, a seconda di*, ipotetico *in caso di*
- *Malgrado* concessivo
- *Rispetto a* a introduzione di una comparazione

Avverbi
- Correlativi *sia… sia…*
- Intensificatori *addirittura, affatto, piuttosto*
- Temporali *ormai, di volta in volta, mano a mano*

Quaderni del PLIDA B2

criteri di valutazione

Sintassi
- Avversative esplicite introdotte da *eppure*, *mentre*; implicite introdotte da *invece di*
- Causali esplicite introdotte da *dato che*, *visto che*, *in quanto*; implicite con il gerundio
- Concessive esplicite introdotte da *benché*, *nonostante*, *sebbene*; implicite introdotte da *pur*
- Consecutive esplicite introdotte da *in modo (tale) che*; implicite introdotte da *a tal punto da*
- Correlative introdotte da *non… né…*, *non solo… ma…*
- Discorso indiretto
- Dislocazioni a sinistra con ripresa pronominale
- Finali introdotte da *affinché*, *così che*
- Frasi scisse
- Interrogative indirette esplicite e implicite introdotte da *quanto*, *cosa*
- Modali introdotte da *come se*
- Periodo ipotetico del secondo tipo
- Periodo ipotetico del terzo tipo
- Temporali esplicite introdotte da *prima che*; implicite introdotte da *dopo* + infinito passato; *una volta* + participio passato; gerundio

Testualità
- Avverbi e locuzioni usati come demarcativi e connettivi per l'organizzazione del discorso: *eppure, innanzitutto, inoltre, insomma, a proposito, per di più, per cominciare / finire, per prima cosa, prima di tutto.*

esercizi

Ascoltare - esercizi

ASCOLTARE

PRIMA PARTE – primo esercizio

In questa parte ascolterai quattro persone che parlano dello stesso argomento. Devi associare a ogni brano una delle sei frasi elencate (**A-F**). Scrivi nella tabella la lettera della frase che hai scelto accanto al numero del brano corrispondente (**1-4**). Devi scegliere solo quattro frasi, una per ogni brano. Ascolterai ogni brano due volte.
<u>Fa' attenzione</u>: <u>ci sono due frasi in più</u>. Ora ascolta l'esempio (0).

Quale frase corrisponde al racconto che hai appena ascoltato? La frase giusta è la **G**.

Consigli per aspiranti giornalisti

Per fare bene il giornalista bisogna…

A visitare di persona i luoghi di cui si parla.

B dare il giusto valore ai dettagli.

C cercare molte occasioni per fare pratica.

D presentarsi ai giornali con progetti concreti.

E curare i rapporti con le proprie fonti.

F perfezionarsi in un particolare settore.

G saper usare le nuove tecnologie.

Brano	Frase
0	G
1	
2	
3	
4	

 ASCOLTARE

■ SECONDA PARTE – secondo esercizio

Come si diventa scrittori

	Brano	Frase

Un bravo scrittore…

A elimina dalle storie gli elementi inutili. — 1

B riesce a commuovere persone mai conosciute. — 2

C fa rivedere ai colleghi quello che scrive. — 3

D si lascia sorprendere dalle proprie storie. — 4

E si documenta prima di cominciare un libro.

F prende appunti sui libri scritti dagli altri.

Quaderni del PLIDA ○R B2

Ascoltare - esercizi

ASCOLTARE

PRIMA PARTE – terzo esercizio

Frequentare l'università lontano da casa

	Brano	Frase
A Prima di decidere ha considerato tutti gli aspetti della sua scelta.	1	
B Durante gli studi ha cambiato opinione sul luogo in cui viveva.	2	
C Ha cercato subito un modo per stringere nuove amicizie.	3	
D Ha trovato un ambiente molto dispersivo.	4	
E Ha avuto modo di scoprire la sua destinazione senza pregiudizi.		
F Ha mantenuto i contatti con gli amici lontani.		

Ascoltare

SECONDA PARTE

In questa parte dell'esame ascolterai alcuni brani audio di 2 minuti circa.
Ascolta ogni brano e completa le frasi, scegliendo fra le tre soluzioni proposte (A, B, C) l'unica adatta. Devi scegliere solo una soluzione per ogni frase. Ascolterai ogni brano due volte.

1 Il nuotatore Filippo Magnini parla di alimentazione

1. Fino a poco tempo fa Magnini era abituato a mangiare
A. ◯ piccole quantità di cibo.
B. ◯ tante cose diverse.
C. ◯ alimenti energetici.

2. Magnini ha notato che la dieta vegana
A. ◯ ha effetti positivi sul suo corpo.
B. ◯ è molto difficile da rispettare.
C. ◯ è vista con sospetto dagli sportivi.

2 La scrittrice Melania Mazzucco parla degli *e-book*

1. Secondo Melania Mazzucco l'*e-book*
A. ◯ finirà per conquistare il mercato.
B. ◯ diventerà più semplice da usare.
C. ◯ influirà poco sul modo di scrivere.

2. Mazzucco ha paura che in futuro
A. ◯ gli editori decidano di pagare meno gli autori.
B. ◯ la rete globale imponga regole severe sui libri digitali.
C. ◯ il mercato dei libri si comporti come quello della musica.

3 Intervista all'atleta e personaggio dello spettacolo Giusy Versace

1. Nel suo libro Giusy racconta
A. ◯ quando ha scoperto la passione per la danza.
B. ◯ come ha superato un momento doloroso.
C. ◯ perché ha deciso di iniziare a recitare.

2. La tournée teatrale di Giusy è stata pagata
A. ◯ da alcune ditte private.
B. ◯ dalla sua stessa associazione.
C. ◯ da una società sportiva.

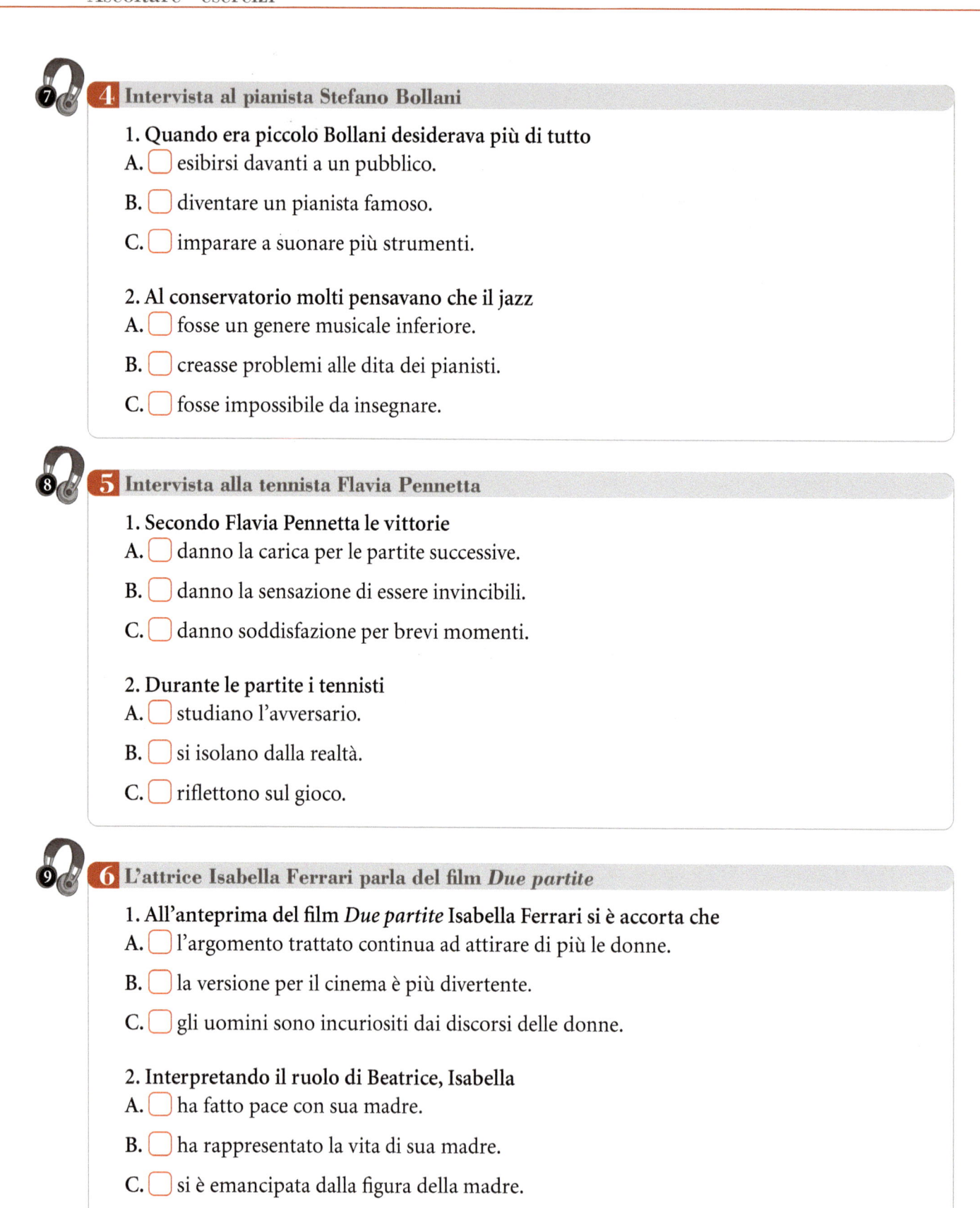

Ascoltare - esercizi

4 Intervista al pianista Stefano Bollani

1. Quando era piccolo Bollani desiderava più di tutto
   A. ☐ esibirsi davanti a un pubblico.
   B. ☐ diventare un pianista famoso.
   C. ☐ imparare a suonare più strumenti.

2. Al conservatorio molti pensavano che il jazz
   A. ☐ fosse un genere musicale inferiore.
   B. ☐ creasse problemi alle dita dei pianisti.
   C. ☐ fosse impossibile da insegnare.

5 Intervista alla tennista Flavia Pennetta

1. Secondo Flavia Pennetta le vittorie
   A. ☐ danno la carica per le partite successive.
   B. ☐ danno la sensazione di essere invincibili.
   C. ☐ danno soddisfazione per brevi momenti.

2. Durante le partite i tennisti
   A. ☐ studiano l'avversario.
   B. ☐ si isolano dalla realtà.
   C. ☐ riflettono sul gioco.

6 L'attrice Isabella Ferrari parla del film *Due partite*

1. All'anteprima del film *Due partite* Isabella Ferrari si è accorta che
   A. ☐ l'argomento trattato continua ad attirare di più le donne.
   B. ☐ la versione per il cinema è più divertente.
   C. ☐ gli uomini sono incuriositi dai discorsi delle donne.

2. Interpretando il ruolo di Beatrice, Isabella
   A. ☐ ha fatto pace con sua madre.
   B. ☐ ha rappresentato la vita di sua madre.
   C. ☐ si è emancipata dalla figura della madre.

Ascoltare

TERZA PARTE

In questa parte dell'esame ascolterai alcuni brani di 4 minuti circa. Ascolta ogni brano e completa le frasi scegliendo fra le tre soluzioni proposte (A, B, C) l'unica adatta. Devi scegliere solo una soluzione per ogni frase. Ascolterai ogni brano due volte.

1 Intervista a Michele Masiero, direttore editoriale della casa editrice di fumetti "Sergio Bonelli Editore"

1. Gianluigi Bonelli viene ricordato per aver
A. ☐ inventato un personaggio di successo.
B. ☐ cambiato il nome della casa editrice.
C. ☐ portato in Italia i fumetti.

2. Il personaggio di Tex
A. ☐ ha dato vita a una vera e propria moda.
B. ☐ appartiene ormai al passato.
C. ☐ piace ai ragazzi.

3. Il fumetto *Dylan Dog*
A. ☐ è cambiato nel tempo.
B. ☐ piace molto alle donne.
C. ☐ si rivolge agli adulti.

4. Masiero descrive la realizzazione di un fumetto come
A. ☐ un lavoro che negli ultimi anni si è velocizzato.
B. ☐ un'attività in cui l'abilità manuale conta poco.
C. ☐ un processo che prevede molte fasi di lavoro.

2 Intervista a Luigi Lo Cascio interprete dell'atleta Dorando Pietri, in una fiction (serie tv)

1. Per dedicarsi alla corsa Dorando Pietri
A. ☐ discute con il padre.
B. ☐ trascura il suo lavoro.
C. ☐ usa tutti i suoi risparmi.

2. Al principio Dorando ha difficoltà a entrare in squadra perché
A. ☐ ha avuto guai con la legge.
B. ☐ deve occuparsi del fratello minore.
C. ☐ ha una costituzione fisica debole.

3. Dorando raggiunge eccezionali risultati soprattutto grazie
A. ☐ al suo grande talento naturale.
B. ☐ a una preparazione intensa.
C. ☐ al sostegno dei suoi ammiratori.

4. Alle Olimpiadi del 1908 Dorando
A. ☐ rinuncia a correre la gara finale.
B. ☐ si sente male prima del traguardo.
C. ☐ è eliminato al termine della gara

Ascoltare - esercizi

3 Intervista al cantante Tiziano Ferro sugli inizi della sua carriera

1. **Parlando con il tassista, Tiziano**
   A. ☐ gli ha chiesto uno sconto.
   B. ☐ gli ha proposto una scommessa.
   C. ☐ lo ha preso un po' in giro.

2. **Quando compone la sua musica Tiziano**
   A. ☐ riflette su cosa può avere successo in radio.
   B. ☐ è influenzato da ciò che ascolta al momento.
   C. ☐ sceglie anche senza volerlo soluzioni adatte alla radio.

3. **I discografici, lavorando con Tiziano**
   A. ☐ lo hanno aiutato a gestire le scadenze.
   B. ☐ hanno mostrato rispetto per le sue idee.
   C. ☐ gli hanno dato buoni consigli.

4. **I progetti di Tiziano per il futuro riguardano**
   A. ☐ la fondazione di una sua etichetta discografica.
   B. ☐ la ricerca di forme artistiche diverse dalla musica.
   C. ☐ l'interruzione del rapporto di lavoro con la EMI Music.

ASCOLTARE

QUARTA PARTE

In questa parte dell'esame ascolterai alcuni brani di 2 – 3 minuti circa. A ogni brano sono associate due frasi. Completa ogni frase scegliendo dagli elenchi corrispondenti la soluzione adatta, come nell'esempio (esercizio 1: 0/G). Devi scegliere solo una soluzione per ogni frase.
Ascolterai ogni brano due volte.

1 L'astronauta Luca Parmitano parla della sua missione nello spazio

0. La missione di Parmitano si può [G] in due parti.
1. Durante il viaggio sulla navetta spaziale Parmitano dovrà [ ] il comandante.
2. Uno degli esperimenti svolti sulla Stazione spaziale permetterà di [ ] la situazione ambientale del pianeta.

A riparare
B valutare
C sviluppare
D aiutare
E verificare
F migliorare
G dividere

2 L'invenzione del sorbetto

1. Nel Cinquecento i [ ] discutevano sui benefici e sugli svantaggi delle bevande fredde.
2. Nel 1659 Antonio Latini nota che i [ ] sono particolarmente bravi a fare i sorbetti.

A commercianti
B medici
C napoletani
D veneziani
E nobili
F marchigiani

3 L'origine del termine *Romanticismo*

1. Nel Seicento il termine *romantic* viene "inventato" per esprimere un giudizio [ ].
2. Gli autori tedeschi usano il termine "romantico" per indicare un animo [ ].

A agitato
B quotidiano
C poetico
D fantastico
E negativo
F eroico

Quaderni del PLIDA B2

Leggere - esercizi

LEGGERE

PRIMA PARTE

In questa parte dell'esame leggerai un brano, generalmente tratto da un'opera di letteratura o da un saggio o da un articolo di giornale, e dovrai completare delle frasi o rispondere a delle domande sulla base del contenuto del brano.

Leggi i testi e completa le frasi. Segna una crocetta sul riquadro giusto ☒.
Indica solo una possibilità (A, B, C o D).

1 Due bambine diventano amiche (da *L'amica geniale* di Elena Ferrante)

1. Ultimamente le bambine si divertivano a
A. ◯ spiare gli adulti.
B. ◯ nascondersi dagli altri.
C. ◯ scambiarsi segreti.
D. ◯ fare cose spaventose.

2. I genitori volevano che la bambina
A. ◯ evitasse Don Achille
B. ◯ rispettasse Don Achille.
C. ◯ ubbidisse a Don Achille.
D. ◯ sorvegliasse Don Achille.

3. Mentre salivano le scale Lila sembrava
A. ◯ disinteressata.
B. ◯ determinata.
C. ◯ divertita.
D. ◯ distratta.

La volta che Lila e io decidemmo di salire per le scale buie che portavano, gradino dietro gradino, rampa dietro rampa, fino alla porta dell'appartamento di don Achille, cominciò la nostra amicizia. Mi ricordo la luce violacea del cortile, gli odori di una serata tiepida di primavera. Le mamme stavano preparando la cena, era ora di rientrare, ma noi ci attardavamo sottoponendoci per sfida, senza mai rivolgerci la parola, a prove di coraggio. Da qualche tempo, dentro e fuori scuola, non facevamo che quello. A un certo punto [Lila] mi lanciò uno sguardo dei suoi, fermo, con gli occhi stretti, e si diresse verso la palazzina dove abitava don Achille. Mi gelai di paura. Don Achille era l'orco delle favole, avevo il divieto assoluto di avvicinarlo, parlargli, guardarlo, spiarlo, bisognava fare come se non esistessero né lui né la sua famiglia. C'erano nei suoi confronti, in casa mia ma non solo, un timore e un odio che non sapevo da dove nascessero. Mio padre ne parlava in un modo che me l'ero immaginato grosso, pieno di bolle violacee, furioso malgrado il "don", che a me suggeriva un'autorità calma. Aspettai un po' per vedere se Lila ci ripensava e tornava indietro. Sapevo cosa voleva fare, avevo inutilmente sperato che se ne dimenticasse, e invece no. I lampioni non si erano ancora accesi e nemmeno le luci delle scale. Dalle case arrivavano voci nervose. Per seguirla dovevo lasciare l'azzurrognolo del cortile ed entrare nel nero del portone. Quando finalmente mi decisi, all'inizio non vidi niente, sentii solo un odore di roba vecchia e DDT. Poi mi abituai allo scuro e scoprii Lila seduta sul primo gradino della prima rampa. Si alzò e cominciammo a salire.
Avanzammo tenendoci dal lato della parete, lei due gradini avanti, io due gradini indietro e combattuta tra accorciare la distanza o lasciare che aumentasse. M'è rimasta l'impressione della spalla che strisciava contro il muro scrostato e l'idea che gli scalini fossero molto alti, più di quelli della palazzina dove abitavo. Tremavo.
Ci fermammo spesso, e tutte le volte sperai che Lila decidesse di tornare indietro. Ero molto sudata, lei non so. Ogni tanto guardava in alto, ma non capivo cosa, si vedeva solo il grigiore dei finestroni a ogni rampa. Le luci si accesero all'improvviso, ma tenui, polverose, lasciando ampie zone d'ombra piene di pericoli. Aspettammo per capire se era stato don Achille a girare l'interruttore ma non sentimmo niente, né passi né una porta che si apriva o si chiudeva. Poi Lila proseguì, e io dietro.
Lei riteneva di fare una cosa giusta e necessaria, io mi ero dimenticata ogni buona ragione e di sicuro ero lì solo perché c'era lei. Salivamo lentamente verso il più grande dei nostri terrori di allora, andavamo a esporci alla paura e a interrogarla.

Leggere - esercizi

2 **Ricordi e riflessioni sulla scuola** (da *Il mio lungo viaggio* di Piero Angela)

1. Secondo Angela, ancora oggi a scuola
A. ☐ le scienze sono considerate poco importanti.
B. ☐ gli insegnanti di scienze sono poco preparati.
C. ☐ manca una visione d'insieme della scienza.
D. ☐ si trascura la parte pratica delle discipline.

2. Lo studio della filosofia dovrebbe servire a
A. ☐ trovare le risposte a temi controversi.
B. ☐ imparare a rispettare le opinioni degli altri.
C. ☐ sviluppare la capacità di riflettere.
D. ☐ riconoscere l'importanza della storia.

3. I giovani hanno bisogno di strumenti per
A. ☐ conoscere sé stessi.
B. ☐ affrontare il futuro.
C. ☐ individuare i pericoli.
D. ☐ raggiungere gli obiettivi.

Riguardando oggi, a distanza di anni, al tempo che ho dedicato agli studi, penso che avrei potuto imparare molte più cose, e con maggiore approfondimento, studiando in un altro modo.

Un esempio, ma significativo. A scuola, ancora oggi, si studiano le scienze, ma non la scienza. Cioè si impara matematica, chimica, biologia, scienze naturali, ma non si impara il metodo della scienza, la sua etica, il ruolo che ha nella società, nell'economia, nella cultura.

Non intendo dire che l'insegnamento non sia fatto bene (ho troppo rispetto per gli insegnanti, che fanno un lavoro difficile, spesso poco gratificante e poco pagato), e neppure che non siano utili quei famosi insegnamenti ripetitivi e astratti che a volte vengono messi sotto accusa, pagine e pagine a memoria, date, schemi, aoristi (ne ho recitati tanti): vanno bene per allenare la mente, in certi casi per inquadrare le conoscenze.

Dico solo che quando ho studiato io mancava un "pezzo" all'insegnamento, quello capace di trasformare l'istruzione in cultura. Anche una materia che potrebbe essere molto stimolante, la filosofia, cioè la storia del pensiero, era in realtà un catalogo di personaggi, con brevi riassunti delle loro opere (e delle relative date). Quasi un elenco di curriculum vitae, da imparare a memoria. Senza il piacere di entrare veramente nella testa dei filosofi, rendendoli vivi e attuali. Ma soprattutto senza il piacere di "imparare a pensare". A me sembra che la scuola dovrebbe anche insegnare a ragionare. "Facendo" filosofia, insegnando a dibattere su un argomento partendo da posizioni opposte, stimolando la capacità di argomentare. Con contributi scritti. Ragionando anche su tutto quello che la scienza ha scoperto dopo i grandi filosofi, aprendo scenari e orizzonti ben diversi da quelli che si presentavano davanti agli occhi dei pensatori dei tempi passati.

Credo inoltre che si dovrebbe insegnare non solo una moderna filosofia della scienza, ma ancor più una "filosofia della tecnologia", per capire problemi fondamentali del nostro tempo, sui quali non veniamo aiutati a ragionare. Qui c'è un vuoto desolante.

Le società in cui viviamo stanno cambiando profondamente, ma l'insegnamento oggi è sempre rivolto in gran parte verso la cultura del passato: storia, letteratura, latino, greco, filosofia.

È ovvio che la cultura del passato sia molto importante, e dobbiamo farla vivere dentro di noi come una gemma preziosa, anche perché ci permette di capire meglio chi siamo oggi, ma è necessario che i giovani siano messi in grado di capire anche il loro tempo e il mondo in cui dovranno vivere e operare. Un mondo in continua trasformazione, che richiede conoscenze e modi di pensare nuovi.

Leggere - esercizi

3 **La costruzione di una nuova casa** (da *Due di due* di Andrea De Carlo)

1. Per i muratori il narratore era strano perché
A. ☐ voleva restare sempre vicino al cantiere.
B. ☐ stava costruendo una casa in un luogo freddo.
C. ☐ faceva sempre le stesse domande.
D. ☐ cambiava idea velocemente.

2. Al termine della giornata il narratore
A. ☐ calcolava i soldi che aveva speso.
B. ☐ rimetteva in ordine gli attrezzi.
C. ☐ controllava il lavoro dei muratori.
D. ☐ sistemava da solo alcuni dettagli.

3. Quando il narratore ha mandato via i muratori, loro
A. ☐ erano scontenti del denaro che avevano ricevuto.
B. ☐ erano dispiaciuti perché il lavoro era ancora da finire.
C. ☐ dubitavano che il narratore riuscisse a finire la casa.
D. ☐ avevano paura che fosse pericoloso vivere nella casa.

Con i muratori avevo un rapporto strano. Mi avevano guardato come un pazzo quando all'inizio gli avevo spiegato che non intendevo usare nessun materiale artificiale, poi gradualmente avevano preso gusto all'idea, riconosciuto che gli faceva piacere lavorare così. Ma continuavano a essere perplessi per la mia maniacalità, dall'idea che io dormissi nella piccola tenda pur di non allontanarmi da questo posto così isolato e selvatico. Ogni volta che gli chiedevo se pensavano di riuscire a finire prima della neve scuotevano la testa; non capivano perché avessi tanta fretta.

Quando la sera se ne tornavano a casa io andavo avanti a rifinire il lavoro della giornata, alla luce di una lampada alimentata da un piccolo generatore a gasolio. Continuavo finché ero completamente privo di forze, poi mi scaldavo qualcosa da mangiare sul fornelletto a gas e mi infilavo nella tenda. Mi addormentavo di schianto, chiuso fino alla testa nel sacco a pelo per ripararmi dal freddo umido che saliva dalla terra.

Alla fine di dicembre ha cominciato a nevicare, ma eravamo già riusciti a rimettere in sesto la struttura essenziale della casa grande. I muri erano rinsaldati e le finestre al loro posto, i nuovi travi sostenevano i pavimenti e il tetto di tegole fresche, anche se non c'era una linea elettrica a cui collegarsi, né un impianto di acqua corrente, né un sistema di riscaldamento. Non avevo chiesto niente al comune per non avere la minima interferenza; volevo una tana autonoma e naturale, nascosta nel paesaggio.

Ho pagato i muratori, detto che il resto l'avrei fatto da solo. Li ho guardati andare via nella neve molto poco convinti, poi ho tirato fuori le mie cose dalla macchina e sistemato tutto in casa, cominciato a lavorare dentro.

Dormivo nel sacco a pelo su un materassino di gomma, mi facevo da mangiare con il fornelletto a gas, mi scaldavo al fuoco di un camino che tirava malissimo. Adesso che la strada era coperta di neve Gubbio sembrava del tutto irraggiungibile, ma anche andare a Ca' Persa in macchina era molto complicato, tra perdite di catene e slittamenti all'indietro, spinte disperate per non finire nei fossi. Andavo a piedi a comprare l'indispensabile, tornavo sfiancato dal peso delle borse piene di chiodi e stucco e tonno in scatola e pasta.

Leggere - esercizi

LEGGERE

SECONDA PARTE – primo esercizio

In questa parte dell'esame leggerai due brani (**testo A e testo B**), generalmente due recensioni di un libro, di un film, di una mostra, eccetera, e dovrai capire a quale brano si riferiscono alcune informazioni specifiche.

Il museo MAXXI di Roma ha ospitato una mostra di fotografie della fotografa Letizia Battaglia. Qui di seguito puoi leggere due articoli che ne parlano (**testo A e testo B**): indica a quale testo si riferiscono le frasi della tabella qui sotto (0-5), segnando una crocetta ☒:

- nella colonna A quando la frase si riferisce al testo A;
- nella colonna B quando la frase si riferisce al testo B;
- nella colonna C quando la frase si riferisce a entrambi i testi.

Guarda l'esempio (**0-C**).

	A	B	C
0. La mostra su Letizia Battaglia comprende anche contributi video.	☐	☐	☒
1. Battaglia è una persona ottimista.	☐	☐	☐
2. Battaglia ha fatto lavori diversi.	☐	☐	☐
3. Battaglia ha fotografato scene violente.	☐	☐	☐
4. Alcune foto di Battaglia hanno per tema la povertà.	☐	☐	☐
5. Battaglia vuole realizzare un museo sulla città di Palermo.	☐	☐	☐

A

S'intitola «Per pura passione» la mostra di fotografie di Letizia Battaglia al Maxxi di Roma. Prima di cominciare la visita viene proiettato un video di ventotto minuti che ho trovato anche su youtube. Si tratta della puntata che Sky Arte ha dedicato a Battaglia: a casa sua, per le strade di Palermo o in riva al mare, la grande fotografa si racconta. Ha ottantun anni, ma lei dice di essere nata quando, a trentanove anni, ha scoperto la fotografia. Nata a Trieste, si è trasferita con la famiglia a Palermo e a sedici anni si è sposata per uscire di casa. Ha avuto tre figli e il ruolo di casalinga la stava uccidendo. Ha mollato tutto ed è andata a Milano, si è messa a fare la cronista e poi anche a fotografare. Il ritorno a Palermo e la collaborazione con «L'Ora»: quello è stato l'inizio della sua vera vita. Andava sulla scena degli omicidi: erano tutti uomini (i morti, i giudici, le forze dell'ordine), non la volevano lasciar passare; lei gridava, finché la polizia non si convinceva a farla fotografare insieme agli altri. Per lei era importante guardare negli occhi il soggetto della foto e una volta si è presa un calcio da Bagarella in manette, una specie di belva; è caduta indietro ed è riuscita lo stesso a scattare. Ha fotografato interni di case miserrime, bambine lavapiatti mai andate a scuola, donne che passavano la giornata a letto per la fame e la debolezza. Ora che è vecchia ha un meraviglioso progetto: ha trovato uno spazio abbandonato a Palermo e fa pressione sul sindaco Orlando per trasformarlo in esposizione permanente di fotografie su questa città (ha già in mente opere di Cartier-Bresson e di altri). Ho amato ogni singola foto di questa mostra. Guardate il video prima di andare.

B

Letizia Battaglia (classe 1935) è una delle più importanti fotografe italiane, una donna incredibile che nelle sue foto ha raccontato uno dei momenti più bui della storia italiana senza mai perdere la sua attitudine positiva alla vita.

Durante la sua carriera da fotoreporter per il giornale «L'Ora» la Battaglia è riuscita nell'ardua impresa di ritrarre alla perfezione un soggetto altamente contraddittorio come la Palermo degli ultimi decenni del '900, nel pieno della seconda guerra di mafia. E infatti le foto che l'hanno resa più famosa sono proprio quelle relative alla mafia, in particolare quelle dei caduti per colpa di essa, anche se – come lei stessa afferma – il soggetto principale della sua opera più che la cronaca è sempre stato la città di Palermo in toto, la sua passione più grande.

Nata come espansione quasi naturale di una già eccezionale mostra ai Cantieri Culturali alla Zisa a Palermo, «Letizia Battaglia. Per pura passione» vanta circa duecento immagini e molto altro materiale documentario, tra cui filmati, pubblicazioni, provini, stampe.

Il percorso parte con una grande mappa di Palermo, come a rimarcare il profondo legame tra la fotografa e la città, per poi ricordarci subito dopo che nell'opera della fotografa c'è anche molto altro.

Le sezioni successive testimoniano l'impegno di Letizia Battaglia in moltissimi altri campi, dal cinema al teatro, dalla politica al sociale. Un grande spazio viene poi dedicato alla sua attività in campo editoriale, in particolare per «Grandevù» ed altre riviste di genere, e alle pubblicazioni della casa editrice (Edizioni della Battaglia) che fonderà negli anni '90.

Leggere - esercizi

LEGGERE

SECONDA PARTE – secondo esercizio

Qui di seguito puoi leggere due articoli che parlano dell'inquinamento causato dalle cannucce di plastica usate per bere bibite e cocktail (**testo A e testo B**): indica a quale testo si riferiscono le frasi della tabella qui sotto (1-5), segnando una crocetta ☒:

- nella colonna A quando la frase si riferisce al testo A;
- nella colonna B quando la frase si riferisce al testo B;
- nella colonna C quando la frase si riferisce a entrambi i testi.

Guarda l'esempio (0-C).

	A	B	C
0. Solo in America si usa mezzo miliardo di cannucce al giorno.	☐	☐	☒
1. Alcuni modelli di cannucce non inquinanti sono già disponibili.	☐	☐	☐
2. Un'associazione ha organizzato una raccolta di firme in rete.	☐	☐	☐
3. Anche molti animali finiscono per mangiare la plastica.	☐	☐	☐
4. Alcune aziende di bevande hanno rinunciato alle cannucce nelle loro presentazioni.	☐	☐	☐
5. Una ditta fa cannucce che si possono mangiare.	☐	☐	☐

A

Cinquecento anni: è il tempo necessario a smaltire una sola cannuccia di plastica, quella che utilizziamo per pochi minuti per bere ma destinata invece a restare nell'ambiente per un tempo lunghissimo e che in Europa figura tra i primi 5 rifiuti raccolti sulle coste.
In tutto il mondo si utilizzano più di un miliardo di cannucce al giorno; solo negli Stati Uniti, secondo i dati della *Plastic Pollution Coalition*, ogni giorno se ne consumano 500 milioni; a Londra, circa 2 miliardi l'anno tanto che l'*Evening Standard* ha lanciato una petizione su Change.org per chiedere ai produttori di metterle al bando o trovare soluzioni ecosostenibili entro il 2018.
E ora anche l'associazione italiana *Marevivo*, dopo aver vinto la battaglia condotta su microplastiche e cotton fioc, ha deciso di avviare una campagna di sensibilizzazione per ridurre l'uso delle cannucce in plastica monouso e chiede a tutti gli esercenti, bar e ristoranti, di smettere di distribuirle ai clienti, di non inserirle automaticamente nelle bevande e di spiegare ai consumatori perché è importante rinunciare ad usarle. E prevedere alternative ecologiche in carta, vetro, acciaio o bamboo.
Già nel Regno Unito tantissime catene di pub, bar e ristoranti hanno rinunciato alle cannucce tradizionali in plastica preferendo quelle ecologiche.
In generale, le plastiche monouso, come le cannucce, si utilizzano soltanto una volta, per pochi minuti, e in molti casi finiscono nei nostri oceani, dove resteranno per centinaia di anni, sminuzzandosi in pezzi sempre più piccoli che vengono ingeriti dai pesci, entrando nella nostra catena alimentare. Nel 71% degli uccelli marini e nel 30% delle tartarughe è stata trovata plastica nello stomaco come dimostrano le ricerche citate dallo *Strawless Ocean Movement*.
"La plastica usa e getta negli ultimi anni ci ha invaso, è ovunque, è entrata a far parte della nostra vita quotidiana. Si è trasformata in un mostro invisibile - spiega Rosalba Giugni, presidente di *Marevivo* - e non ci siamo resi conto dei danni devastanti che stava causando alla fauna marina e al suo habitat. Le cannucce entrano nelle narici delle tartarughe e nell'esofago degli animali. Abbiamo così deciso di lanciare questa campagna perché le abitudini dell'uomo non possono sempre avere ripercussioni sugli animali e l'ambiente, soprattutto quando esistono valide alternative per evitarle". Inoltre, tutti i cittadini interessati potranno partecipare alle giornate di pulizia delle spiagge e alle foci dei fiumi che saranno organizzate da *Marevivo*.

B

Secondo stime fatte dalla società di ricerche Eunomia, in Italia si usano circa due miliardi di cannucce l'anno; negli Stati Uniti invece almeno venti miliardi. La prima è una stima fatta partendo dagli unici dati disponibili (quelli sui McDonald's), la seconda è una stima fatta dall'associazione statunitense dei produttori di plastica (quindi probabilmente al ribasso). Secondo molti, è grave che siano prodotte così tante cannucce – quasi tutte di plastica – allo scopo di metterle per qualche minuto nei bicchieri dei fast food o nei cocktail e poi buttate (e solo in parte riciclate). L'attore Adrian Grenier, uno dei portavoce di una campagna contro l'uso delle cannucce di plastica, ha detto che le cannucce «possono essere viste come "una porta d'accesso" per capire il problema dell'inquinamento». Perché sono piccole, usa-e-getta, e quasi tutti le usano.
La campagna più importante contro l'uso delle cannucce è organizzata da *Strawless Ocean* ("oceano senza cannucce"), un'associazione secondo la quale negli Stati Uniti si usano 500 milioni di cannucce di plastica al giorno e che sul suo sito scrive che «se non agiamo ora, nel 2050 nell'oceano ci sarà più plastica che pesci». Il motto della campagna contro l'uso della plastica è "Stop Sucking": il verbo in inglese vuol dire succhiare ma anche "essere scarso", "fare schifo".
Sempre sul suo sito, *Strawless Ocean* propone alcune alternative alle cannucce di plastica: la prima, facile, è bere direttamente dal bicchiere; le altre prevedono l'uso di cannucce biodegradabili oppure riutilizzabili perché fatte di metallo o bamboo. Altre iniziative contro le cannucce sono state organizzate nel Regno Unito da "The Last Straw" e "Straw Wars" e da alcuni locali italiani che hanno preso a modello quelle iniziative. In Italia c'è anche la società Sorbos, che produce cannucce commestibili (perché fatte con zucchero glassato, 23 calorie a cannuccia) e aromatizzate. Cara Lombardo ha scritto sul Wall Street Journal che anche alcune importanti associazioni o società che hanno a che fare con i cocktail – per esempio la *Scotch Whisky Association*, Bacardi e le società che producono la vodka Absoult e il gin Tanqueray – hanno deciso di vietare le cannucce ai loro eventi.
A proposito di cocktail: non c'è un vero motivo per cui si debba usare una cannuccia. In genere i baristi e gli esperti di mixologia (o "gastronomia liquida") dicono che le cannucce, se proprio vanno usate, vanno usate solo in certi cocktail.

Leggere - esercizi

LEGGERE

SECONDA PARTE – terzo esercizio

Nel 2017 è scomparsa la famosa stilista Carla Fendi. Di seguito puoi leggere due articoli che la ricordano (**testo A e testo B**): indica a quale testo si riferiscono le frasi della tabella qui sotto (1-5), segnando una crocetta ☒:

- nella colonna A quando la frase si riferisce al testo A;
- nella colonna B quando la frase si riferisce al testo B;
- nella colonna C quando la frase si riferisce a entrambi i testi.

Guarda l'esempio (**0-C**).

	A	B	C
0. Carla Fendi aveva quattro sorelle.	☐	☐	☒
1. Carla ha ricoperto varie mansioni nella casa di moda Fendi.	☐	☐	☐
2. Carla ha fatto riparare un monumento in un luogo caro al marito.	☐	☐	☐
3. Attraverso la sua fondazione Carla sosteneva economicamente iniziative culturali e artistiche.	☐	☐	☐
4. Secondo Carla l'azienda andava bene grazie al lavoro di tutte le sorelle Fendi.	☐	☐	☐
5. Carla ha curato anche un'importante rassegna musicale.	☐	☐	☐

A

Carla Fendi era la quarta delle cinque sorelle Fendi, che nel 1946 rilevarono la storica azienda romana, fondata nel 1925 dai genitori Adele Casagrande ed Edoardo Fendi. Carla Fendi era presidente onorario dell'azienda; era un'appassionata d'arte e musica e insieme al marito Candido Speroni nel 2007 aveva creato una fondazione a suo nome per finanziare progetti nel campo dell'arte, della moda, della letteratura e del cinema.

Carla Fendi iniziò a lavorare nell'azienda di famiglia alla fine degli anni Cinquanta e nel tempo si occupò di molti settori diversi, dall'amministrazione, alla produzione alle relazioni pubbliche, occupandosi soprattutto dei rapporti con il mercato statunitense, e poi della pubblicità e dell'organizzazione eventi. Dagli anni Ottanta si occupò del Festival di Spoleto, che si tiene dal 1958 la terza domenica di giugno e che ospita le più prestigiose orchestre filarmoniche al mondo.

Fendi è una delle più prestigiose aziende di alta moda italiane, famosa soprattutto per le pellicce e la pelletteria. La sua storia iniziò nel 1918 quando la stilista romana Adele Casagrande (nata nel 1897) aprì nella centrale via del Plebiscito un laboratorio di pelli e pellicce. Nel 1925 sposò Edoardo Fendi e cambiò il nome della boutique in Fendi. Nel 1938 Casagrande convinse i maestri sellai romani a tagliare il cuoio per il suo negozio e aprì la linea di borse Selleria, che realizzava pezzi unici e pregiati. Nel 1946, dopo la morte di Edoardo Fendi, furono le cinque figlie dei fondatori a occuparsi dell'azienda: Paola, Franca, Carla, Anna e Alda Fendi. Nel 1964 aprì la più famosa delle boutique romane, quella di via Borgognona, mentre dagli Settanta e Ottanta Fendi realizzò una linea prêt-à-porter anche per le pellicce. Nel 2001 l'azienda è stata acquistata dal gruppo internazionale LVMH, di cui fanno parte anche Louis Vuitton, Dior, Emilio Pucci, Céline, Givenchy, Marc Jacobs, Kenzo e Loro Piana. La famiglia Fendi conserva ancora una quota di minoranza. Nel 2016 Fendi ha finanziato il restauro della Fontana di Trevi a Roma, dove ha poi organizzato una sfilata molto scenografica per festeggiare i 90 anni dalla sua fondazione.

B

È morta a Roma Carla Fendi. La stilista, quarta delle cinque sorelle, aveva 80 anni ed era malata da tempo. Il made in Italy perde un'altra sua pioniera, un'altra artefice del successo della moda italiana nel mondo come lo sono state Laura Biagiotti, Krizia e, più indietro nel tempo, Micol Fontana. È a lei che si deve l'internazionalizzazione del marchio Fendi e la sua conquista dei mercati esteri, in particolare dell'America.

Carla Fendi entra nell'azienda di famiglia alla fine degli anni Cinquanta, dopo aver completato gli studi classici, al fianco delle sorelle Paola, Anna, Franca e Alda. "Siamo come le cinque dita di una mano, diceva sempre nostra madre, ognuna ha la sua funzione" amava ripetere, per far capire come anche le sue sorelle avessero la loro parte di responsabilità e di merito del successo dell'azienda. La sua formazione copre settori diversi che vanno dall'amministrazione alla produzione, dalle vendite alla progettazione. Negli anni Sessanta si dedica anche alle relazioni pubbliche, punta al mercato più difficile, quello americano: una strategia che la premia con il successo che contribuisce a sancire in tutto il mondo la fama della firma Fendi.

L'azienda continua a crescere e a svilupparsi, Carla Fendi continua a collaborare alla creazione ma si occupa in modo specifico della comunicazione, dell'ufficio stampa, della pubblicità, dell'immagine, delle manifestazioni legate al marchio.

La Fondazione Carla Fendi nasce nel 2007 con lo scopo di dare contributo e assistenza per preservare beni e valori culturali del passato e per garantirne la continuità e la crescita nel futuro. Opera nel campo dell'arte, della letteratura, del cinema, della moda, dell'ambiente e del sociale. Con questo spirito, la Fondazione ha promosso eventi e supportato progetti nell'ambito della difesa ambientale, la pubblicazione di opere letterarie, opere d'arte e libri. Ha istituito anche un premio che nel 2016 è andato ad Antonio Pappano.

"Mio marito mi ha spinto a diventare una mecenate", raccontava parlando del suo compagno di vita, Candido Speroni, morto nel 2013 a 83 anni. A un anno dalla scomparsa di suo marito, Carla Fendi aveva voluto restaurare i due altari laterali del presbiterio nella chiesetta di Pieve di Santa Maria Assunta di Piancastagnaio, in provincia di Siena, città natale del consorte.

Leggere - esercizi

LEGGERE

TERZA PARTE

In questa parte dell'esame troverai alcuni brani in cui sono state eliminate delle frasi. Devi completare ogni brano con le parti di testo mancanti, scegliendole fra quelle proposte in una lista.

Leggi il testo e completalo con le parti elencate di seguito.

- Inserisci in ogni spazio vuoto la parte di testo mancante (scrivi la lettera corrispondente).
- In ogni spazio vuoto scrivi una sola lettera.

Fa' attenzione: <u>ci sono due parti di testo in più</u>.

1

A me è toccato insegnare. Per un breve periodo della mia vita, ed è stata l'esperienza che mi ha più segnato. L'espressione «mi è toccato insegnare» è ironica, ma solo fino a un certo punto. A essere sincero, questo è il primo livello descrittivo, quello che si ferma ai semplici fatti.

1) _____ Mi sono fidato, mi sono iscritto, mi hanno convocato e sono iniziati i miei guai. C'è un altro modo meno superficiale di raccontare il motivo per cui mi sono avvicinato all'insegnamento. In realtà, l'ho sempre desiderato, forse addirittura si tratta del sogno più vecchio e folle della mia infanzia. Lo confesso: la scuola mi è sempre piaciuta. Adoravo stare con i miei compagni di classe, con la mia maestra Lucia, circondato dai libri, ad ascoltare e a inventare storie.

2) _____ In fondo, però, quel che più desideravo era continuare a essere uno studente, seduto su una di quelle sedioline, al mio banco. E invece, per scelta, per caso o per un equivoco, ho insegnato alle medie, o come si dice, nella scuola secondaria di primo grado. Lettere. Nulla di scientifico, non avrei potuto, perché non sarei riuscito a smettere di pensare agli atomi, quelle inquiete microscopiche sfere che, solo a nominarle, mi sento formicolare le mani. Ho insegnato italiano, storia e geografia. Le mie materie preferite. Presto, mi sono reso conto di quanto la realtà fosse diversa dai miei sogni di bambino.

3) _____ Volevano sapere tutto. Vasto o limitato che fosse, a loro non importava, il mondo volevano conoscerlo, viverlo e provare a modificarlo. Eppure grazie a loro ho ritrovato una qualità dell'ascolto che avevo dimenticato del tutto. In classe, da dietro la cattedra, ma più spesso girando tra i banchi, ho imparato a stare in silenzio, ad ascoltare, a mettere in cerchio le parole, le storie e le idee. E così, anche quando ho smesso di insegnare, ho continuato a frequentare le scuole.

(da *Io vengo da. Corale di voci straniere* di Daniele Aristarco)

A

Da ragazzo, dopo essermi laureato, qualcuno mi ha suggerito di provare a ottenere qualche incarico di supplenza nelle scuole, iscrivendomi a un'apposita lista. «Vedrai, sarà una bella esperienza», mi hanno detto.

B

Un giorno punti il dito sul mappamondo e indichi un Paese a caso. Il giorno dopo vai a cercarlo e non lo trovi più! E a volte non trovi neppure il mappamondo, specie se sei una persona distratta come me. E fosse solo il mappamondo, pazienza.

C

Lo studio è una pratica solitaria, silenziosa, pacifica. L'insegnamento è un'altra cosa. Me ne sono accorto subito, sin dal primo giorno di scuola, perché ho avuto la sfortuna di essere convocato in una buona, anzi, in un'ottima classe. Domande. Curiosità. Proposte. Approfondimenti.

D

Immaginavo che continuare a vivere nella scuola mi avrebbe permesso di trascorrere tutto il mio tempo nello studio, di leggere molti libri assieme ai miei studenti, di provare a scrivere con loro nuove storie e poi allestire splendidi spettacoli teatrali da mostrare a entusiasti genitori.

E

Bella anche la scuola, alle porte di Roma, un edificio di mattoni rossi immerso nel verde. Dalle ampie finestre si vede un campo di pallavolo e più in là, oltre il vialone di cemento, il parco comunale, una lunga fila di cornacchie sui cavi dell'alta tensione.

Leggere - esercizi

2

È l'inizio della giornata, e sapete già che sarà una giornata lunga. Davanti a voi c'è una lista di cose da fare. Oltretutto vi toccherà anche fare alcune cose che non avete nemmeno elencato: si tratta di attività ricorrenti e non c'è bisogno di appuntarsele. Le cose in lista sono eterogenee. Alcune si sbrigano in pochi minuti. Altre potrebbero richiedere la vostra attenzione per diverse ore. Ce n'è una, o forse un paio, che state rimandando da tempo perché non è mai il momento buono. **1)** _____ Certo, niente vieta di procedere così. Ma forse c'è un modo migliore. Per esempio, c'è la matrice di Eisenhower. Si dice che Ike Eisenhower, due volte presidente degli Stati Uniti, ne abbia messo a fuoco i criteri nel corso della Seconda guerra mondiale, quando era generale e aveva la scrivania sempre troppo piena di scartoffie. La matrice di Eisenhower è un classico del *time management*: una visione efficientista del mondo che, personalmente, non mi entusiasma. Se ve ne parlo qui è perché, a mio avviso, offre alcuni vantaggi che vanno ben oltre il puro mettere ordine nella lista degli impegni. **2)** _____ La matrice di Eisenhower aiuta anche a dire dei no, e a mettersi al riparo da una quantità di sciocchezze che, per il solo fatto di apparire "urgenti", catturano la vostra attenzione e vi rubano energie. E forse è proprio questo l'aspetto che, personalmente, trovo più interessante. Se invece si tratta di restare focalizzati non tanto sulle cose da fare quanto sugli obiettivi da perseguire, c'è la strategia delle due liste di Warren Buffett. Sembra che Buffett se la sia inventata per rispondere al suo pilota personale, che gli chiedeva consigli per la carriera. In sostanza, si tratta di elencare i propri 25 maggiori obiettivi. **3)** _____ Infine, bisogna lasciar perdere la prima lista, anche se contiene obiettivi attraenti: l'idea di base è che sia impossibile per chiunque perseguire troppi obiettivi, e che quindi investire anche solo frazioni di tempo su obiettivi comunque secondari rispetto ad altri sia soltanto uno spreco. Su quegli obiettivi si potrà tornare a ragionare solo dopo aver conseguito gli obiettivi primari. Aggiungo due cose: la prima è che, mentre la matrice di Eisenhower mi sembra un modo affascinante e utile per districarsi nel caos delle incombenze quotidiane ricordando quali sono le cose davvero importanti (sono convinta che tutti tendiamo a dimenticarcene), la lista di Buffett mi sembra piuttosto rude, muscolare e rigida, specie se considerata in una logica di lungo periodo.

(da *nuovoeutile.it*)

A

Ma a questo punto si configura come null'altro che una variante semplificata della matrice di Eisenhower, costruita tenendo presente solo il criterio dell'importanza e tralasciando quello dell'urgenza. Che invece, specie in termini psicologici, è spesso il più determinante. E il più fuorviante.

B

Se volete cimentarvi, redigete la vostra lista ora, prima di continuare a leggere. Poi si tratta di riguardare attentamente la lista, scegliendo solo i cinque più importanti e di elencarli in una seconda lista.

C

Invita a interrogarsi su che cosa, al di là dell'urgenza reale o apparente, è importante davvero. E che lo è perché riguarda attività che hanno oggettivamente conseguenze e impatto maggiori. O perché riguarda attività connesse ad affetti e valori non negoziabili.

D

Forse state pensando di cominciare con le cose semplici, che si sbrigano in poco tempo. Così almeno avete la soddisfazione di depennarle e la lista si accorcia subito. E forse adesso vi sembra di non avere l'energia sufficiente ad affrontare i compiti più impegnativi.

E

La cosa che ci interessa è che a un certo punto di quel discorso, e citando il rettore della Northwestern University J. Roscoe Miller, Eisenhower abbia detto che ci sono due tipi di problemi: quelli urgenti e quelli importanti. Quelli urgenti di rado sono importanti, e quelli importanti di rado sono urgenti.

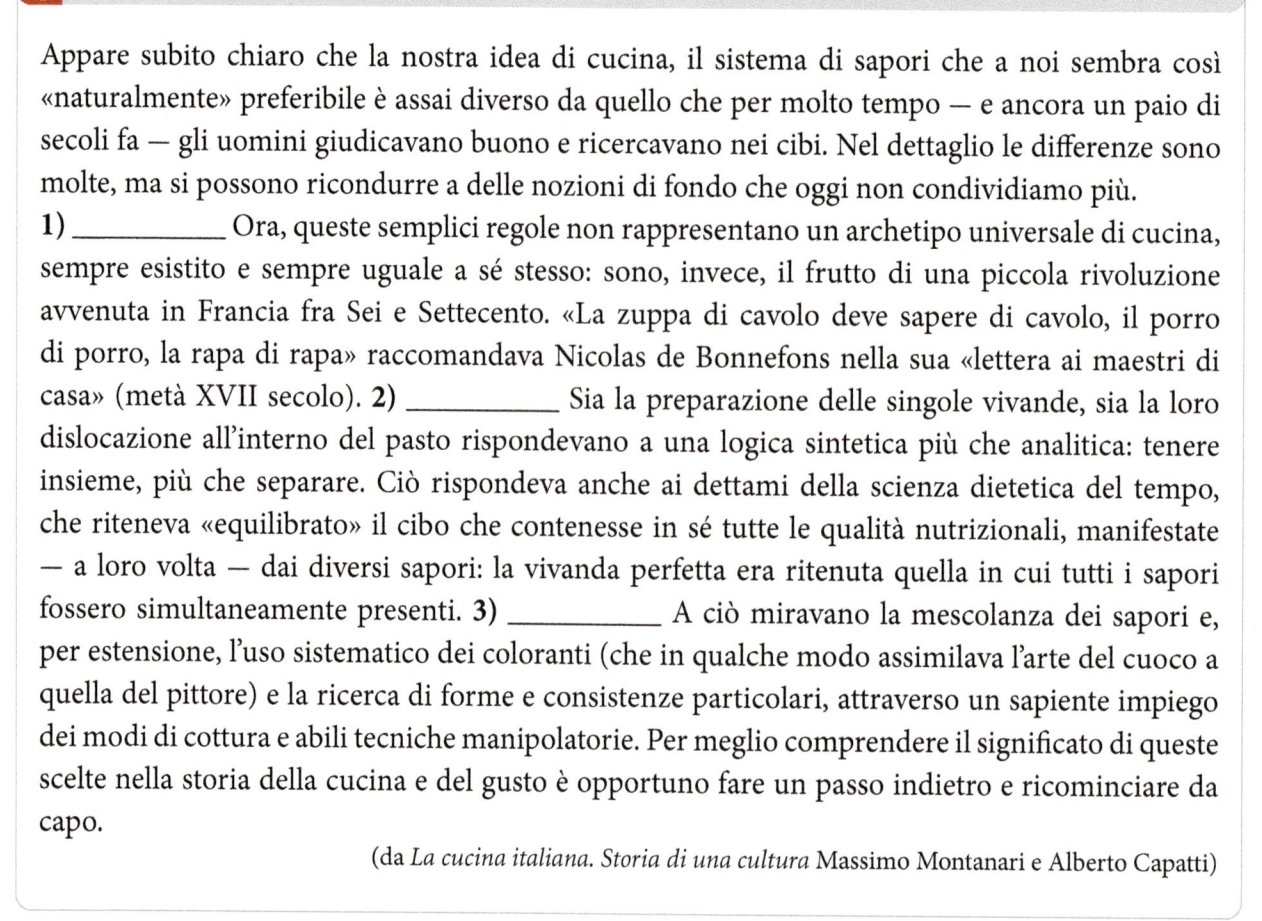

3

Appare subito chiaro che la nostra idea di cucina, il sistema di sapori che a noi sembra così «naturalmente» preferibile è assai diverso da quello che per molto tempo — e ancora un paio di secoli fa — gli uomini giudicavano buono e ricercavano nei cibi. Nel dettaglio le differenze sono molte, ma si possono ricondurre a delle nozioni di fondo che oggi non condividiamo più.

1) _____ Ora, queste semplici regole non rappresentano un archetipo universale di cucina, sempre esistito e sempre uguale a sé stesso: sono, invece, il frutto di una piccola rivoluzione avvenuta in Francia fra Sei e Settecento. «La zuppa di cavolo deve sapere di cavolo, il porro di porro, la rapa di rapa» raccomandava Nicolas de Bonnefons nella sua «lettera ai maestri di casa» (metà XVII secolo). **2)** _____ Sia la preparazione delle singole vivande, sia la loro dislocazione all'interno del pasto rispondevano a una logica sintetica più che analitica: tenere insieme, più che separare. Ciò rispondeva anche ai dettami della scienza dietetica del tempo, che riteneva «equilibrato» il cibo che contenesse in sé tutte le qualità nutrizionali, manifestate — a loro volta — dai diversi sapori: la vivanda perfetta era ritenuta quella in cui tutti i sapori fossero simultaneamente presenti. **3)** _____ A ciò miravano la mescolanza dei sapori e, per estensione, l'uso sistematico dei coloranti (che in qualche modo assimilava l'arte del cuoco a quella del pittore) e la ricerca di forme e consistenze particolari, attraverso un sapiente impiego dei modi di cottura e abili tecniche manipolatorie. Per meglio comprendere il significato di queste scelte nella storia della cucina e del gusto è opportuno fare un passo indietro e ricominciare da capo.

(da _La cucina italiana. Storia di una cultura_ Massimo Montanari e Alberto Capatti)

A

Affermazione dall'apparenza innocente, che nella realtà rovesciava modi di pensare e di mangiare ben diversi e consolidati da secoli. La cucina rinascimentale, come quella medievale e, retrodatando ancora, quella romana antica, avevano infatti elaborato un modello di cucina basato principalmente sull'idea dell'artificio e della mescolanza dei sapori.

B

Colpisce la semplicità di tante preparazioni, che ben potremmo immaginare sulla tavola di un contadino se non fosse per qualche ingrediente prezioso o per un tocco finale – l'aggiunta di spezie – che immediatamente ci riporta al privilegio economico e sociale.

C

La cucina contemporanea (italiana ed europea) ha un carattere prevalentemente analitico, tende cioè a distinguere i sapori — dolce, salato, amaro, agro, piccante… — riservando a ciascuno di essi un proprio spazio autonomo, sia nelle singole vivande, sia nell'ordine del pasto. A tale pratica si collega l'idea che la cucina debba rispettare, nei limiti del possibile, il sapore naturale di ciascun alimento: sapore di volta in volta diverso e particolare, da tenere, appunto, distinto dagli altri.

D

Oggetto di desiderio non è più il cibo abbondante e facile da trovare, ma quello raro, prezioso; non quello che riempie e fa passare la fame, ma quello che stuzzica, invita a mangiare di più. Di qui l'affannosa ricerca di spezie nelle cucine signorili del Medioevo e del Rinascimento, e il loro abbandono quando cominciarono ad abbondare sui mercati.

E

Pertanto il cuoco era tenuto a intervenire sui prodotti «naturali», ad alterarne i caratteri in modo talvolta radicale. La cucina era percepita come un'arte combinatoria volta a modificare, a trasformare il gusto «naturale» dei cibi in qualcosa di diverso, di «artificiale».

Leggere - esercizi

■ LEGGERE

■ QUARTA PARTE – primo esercizio

In questa parte dell'esame leggerai alcuni brani suddivisi in 7 paragrafi.
Ti verranno proposte 4 domande.
Dovrai indicare in quale paragrafo del testo si trova la risposta ad ogni domanda.

Completa la tabella qui sotto: la risposta a ogni domanda si trova in uno dei paragrafi in cui è diviso il testo seguente. Indica il paragrafo giusto per ogni domanda, scrivendo nello spazio vuoto la lettera corrispondente, come nell'esempio (0-A).
Attenzione: a 2 paragrafi non corrisponde nessuna domanda.

Perlego, arriva lo "Spotify dei libri"

0 Perché *Perlego* viene chiamata anche la Spotify dei libri? — **A**

1 Con quale obiettivo dichiarato è stata fondata *Perlego*?

2 Come fa *Perlego* a garantire il rispetto delle leggi sull'editoria?

3 Che cosa si può fare sulle pagine lette attraverso *Perlego*?

4 Cosa fanno alcuni insegnanti per far risparmiare gli studenti?

A

Si chiama *Perlego*, è una startup nata pochi mesi fa a Londra (ma dal cuore italiano) ed è già stata soprannominata lo "Spotify dei libri". Perché, in comune con il famoso servizio di streaming musicale, ha il funzionamento: con un contributo fisso si accede a contenuti illimitati, di qualsiasi genere, sempre e comunque. Basta avere una connessione.

B

I due founder – Gauthier Van Malderen e Oliviero Muzi Falconi – conoscono bene quanto possano incidere sul bilancio di un ragazzo i testi d'esame. Lo hanno provato sulla propria pelle durante il triennio di studi "bocconiani". A loro, come raccontano, capitava di spendere oltre 400€ l'anno per l'acquisto dei libri. Spesso spendevano 50€ per un titolo secondario, per poi leggerne solo pochi capitoli. E una volta passato l'esame, tentavano di rivendere i libri meno importanti sperando che nel frattempo non fosse cambiata edizione.

C

Ma questa è una condizione che accomuna tantissimi loro coetanei, ieri come oggi. Quanti programmi d'esame hanno una lista di 3-4 libri, se non di più? Impossibile o quasi comprarli tutti. Spesso si ricorre alle fotocopie sfidando il copyright. Pochissimi professori predispongono dispense a basso costo per venire incontro alle esigenze dei propri studenti.

D

Nel nostro Paese, tra l'altro, non possiamo neanche lamentarci: secondo uno studio Pwc del 2014, nel Regno Unito uno studente universitario spende in media 439 sterline all'anno in libri mentre negli Stati Uniti si può arrivare a 1200 dollari. E che dire del dato statistico sull'aumento storico del prezzo dei libri: secondo lo Us Census Bureau dal 1972 a oggi ha registrato un + 847%. La missione esplicita di *Perlego* è proprio quella di democratizzare l'accesso al materiale accademico, offrendo una valida alternativa tecnologica.

E

Su *Perlego* con 14 euro al mese si ha accesso all'intero catalogo, una lista in continua espansione: come detto, al momento ci sono oltre 200mila manuali e testi d'esame in formato eBook; ma anche saggi, pubblicazioni, report e liste di libri raccomandati da esperti per approfondire meglio argomenti specifici. «Sono disponibili titoli che variano dall'economia e management all'arte, dalla fisica alla filosofia – sottolinea Muzi Falconi – arricchiti da diverse funzionalità, come la possibilità di evidenziare, prendere appunti, citare fonti, per riprodurre fedelmente online l'esperienza di studio reale».

F

Gli inizi, però, non sono stati così facili come sembra. Il giovane team di *Perlego* non lo nasconde. La barriera più grande da superare è stata la diffidenza degli editori. «La resistenza maggiore – racconta ancora Muzi Falconi – era legata da parte loro all'idea di far parte di una piattaforma digitale in abbonamento, intravedendo il rischio di perdere gran parte dei profitti. Li abbiamo convinti con il nostro modello di business, mirato a retribuire le case editrici efficacemente, restituendogli la maggior parte del profitto ricavato dalla subscription, in base all'utilizzo mensile dei libri e a una lista-prezzi digitale dei loro titoli, anch'essa stilata per mese».

G

Ma gli editori, attraverso *Perlego*, sono tutelati da almeno un altro paio di insidie. La prima è rappresentata dal mercato dell'usato: si stima che circa il 30% delle loro entrate sia cannibalizzato dai libri di seconda mano; un dato che rispecchia perfettamente le abitudini di acquisto di gran parte degli studenti italiani. La seconda è la pirateria online, con la conseguente violazione del diritto d'autore. Gli utenti, infatti, su *Perlego* hanno accesso ai libri soltanto tramite streaming e non possono scaricarli. In questo modo la proprietà intellettuale è salva e i guadagni garantiti.

Da *https://www.repubblica.it/rubriche/startup-stories/2018/10/02/*

LEGGERE

QUARTA PARTE – secondo esercizio

Antichi romani maestri del riciclo: anche a Pompei la raccolta era differenziata

0. Quali popoli dell'antichità erano abili nel riutilizzare i rifiuti? — **A**

1. Che tipo di rifiuti venivano gettati nelle aree periferiche della città?

2. Quale spiegazione è stata data in precedenza per questi scarti?

3. Per quale scopo venivano riutilizzati gli scarti?

4. In che cosa differisce dal nostro l'atteggiamento dei romani verso i rifiuti?

A

Non illudiamoci, non siamo noi ad aver inventato la raccolta differenziata. L'idea di riutilizzare gli scarti appartiene da sempre all'essere umano, e gli antichi romani erano dei veri maestri. Invece che eliminare scarti e oggetti guasti, li accumulavano alle porte della città e li separavano con grande accuratezza per poi ridestinarli tutti (o quasi) a un nuovo uso utile.

B

A mostrarlo sono i risultati di uno studio, ancora non pubblicato, condotto da un gruppo di ricerca dell'Università di Cincinnati. I ricercatori hanno trovato prove di questa abile gestione dei rifiuti in alcuni siti archeologici dell'antica Pompei, precedenti all'eruzione del Vesuvio del 79 d.C.

C

L'indagine è basata sullo studio di diversi campioni di strati di terreno nelle aree urbane dentro e fuori Pompei. I ricercatori hanno scoperto la presenza di mucchi di rifiuti in aree di raccolta situate soprattutto subito fuori dalle mura della città, e in alcuni casi anche all'interno, in appezzamenti di terreno abbandonati. «Queste pile di rifiuti sono spesso molto alte», – ha sottolineato Allison Emmerson, docente di studi classici all'Università Tulane, che ha svolto lo studio insieme al gruppo dell'Università di Cincinnati, – «e sono probabilmente quello che resta dell'immondizia che veniva prodotta quotidianamente dagli antichi abitanti di Pompei».

D

All'interno ci sono materiali di vario genere, fra cui un'abbondante quantità di minuscoli pezzetti di ceramica e di vetro, appartenuti ad oggetti come anfore e piastrelle, insieme a resti ossei di animali macellati e consumati, ceneri e carbone. «Mentre sono assenti frammenti più grandi di oggetti ancora in parte o del tutto intatti» – specifica Emmerson – «che non venivano accumulati in queste aree ma destinati probabilmente a un riuso immediato».

E

I rifiuti, inoltre, non venivano ammassati per essere buttati, come avviene nei nostri cassonetti e nelle discariche. «Al contrario» – prosegue Emmerson – «i materiali venivano raccolti e accumulati e, quando l'ammasso era sufficientemente corposo, venivano riciclati». Come? Servivano per riempire le mura di nuovi edifici, di cui costituivano la struttura. Una prova di questo, chiarisce la ricercatrice, si trova nel fatto che una volta impilati i materiali e creati i nuovi muri, questi ultimi venivano ricoperti di intonaco. Che serviva a dare un aspetto più gradevole alla nuova costruzione.

F

Finora gli scienziati ritenevano che queste pile di rifiuti non fossero l'immondizia prodotta quotidianamente dagli antichi romani. L'ipotesi, invece, era che dopo il terremoto che colpì Pompei nel 62-63 d.C., poco prima della famosa eruzione vulcanica del 79 d.C., gli abitanti avessero deciso di accumulare fuori dalle mura della città le macerie prodotte dall'evento catastrofico. «[Ma] – aggiunge l'esperta – dalla nostra analisi risulta che gli scarti sono stati impilati in diverse riprese temporali e questo farebbe propendere per l'idea che i mucchi di scarto siano frutto di un accumulo continuativo di immondizia e non solo di un'operazione di eliminazione delle macerie».

G

Insomma, il modo di accumulare e gestire i rifiuti e i punti di raccolta non sono paragonabili alle nostre discariche. «Quello che è diverso è il punto di vista. Noi ci concentriamo sull'eliminare, sul buttare gli oggetti per allontanarli quanto più possibile da dove viviamo – dice l'esperta – e solo dopo ci preoccupiamo che qualcuno ricicli alcuni materiali. Mentre i pompeiani conservavano questi rifiuti in prossimità dell'abitato o anche all'interno per poi riutilizzarli non appena possibile».

Da *https://www.repubblica.it/scienze/2020/04/30/*

Leggere

LEGGERE

QUARTA PARTE – terzo esercizio

Cacciare con intelligenza: l'inventiva di Homo Heidelbergensis

0. Che cosa è stato ritrovato a Schöningen? — **A**

1. Tra le cose che l'Homo Heidelbergensis sapeva fare, quale lo rende più simile agli esseri umani attuali?

2. Quali tecniche usò l'Homo Heidelbergensis per migliorare il bastone?

3. Quali meccanismi naturali hanno permesso al bastone di restare intatto?

4. Quali prede venivano probabilmente cacciate con il bastone?

A

Homo Heidelbergensis sapeva cacciare con intelligenza. A dimostrarlo è un bastone da lancio ritrovato in Germania nel sito di Schöningen, bassa Sassonia. Il sito è all'interno di una miniera di lignite, un tipo di carbone fossile, e divenne famoso negli anni novanta per il ritrovamento di lance in legno negli strati della sponda di un antico lago. Il bastone da caccia dei nostri antenati si aggiunge alla lista dei ritrovamenti straordinari.

B

Come spiega il team di ricerca guidato da Nicholas Conard e Jordi Serangeli, il legno non è un materiale che si conserva facilmente. Infatti, è raro trovare oggetti di questo tipo per epoche recenti, figurarsi risalenti al Paleolitico. A conservare il bastone è stata la presenza dell'acqua: mescolandosi con la terra ha prodotto degli strati di fango, formando una barriera protettiva contro l'ossigeno e le stesse falde acquifere.

C

Homo Heidelbergensis era un antenato comune ai Sapiens e ai Neanderthal. I fossili della specie mostrano individui molto alti per il periodo tanto che alcuni individui potevano raggiungere i due metri d'altezza. Oltre alla statura, anche la loro scatola cranica era di grosse dimensioni. Infatti, il loro cervello misurava 1,230 cm^3, non lontano dai nostri 1,270 cm^3. Il ritrovamento del bastone da lancio conferma l'ipotesi che questi nostri antenati fossero capaci di grandi idee.

D

Lungo 64,5 centimetri per 2,6 di diametro, il bastone è stato lavorato a partire dal legno di un abete rosso. Questi antichi uomini utilizzavano strumenti in pietra per intagliare oggetti come questo e lo stesso bastone ha segni di levigazione. Altri segni sono stati fatti risalire all'impatto con le prede.

E

Cacciare con intelligenza significa pensare la propria arma nei minimi dettagli. Homo Heidelbergensis aveva ideato questi bastoni come armi da lancio, lavorandoli per facilitarne l'uso sia sulla media e la lunga distanza. Lo strumento è infatti leggermente curvo, così da poter essere scagliato con potenza e precisione tra i cinque e i cento metri. A detta dei ricercatori la curvatura permetteva la rotazione, come un boomerang che non torna indietro.

F

Dalle ricostruzioni si evince che un bastone di questo tipo potesse abbattere un uccello acquatico in un colpo solo, raggiungendo i cento chilometri orari. A confermare la tipologia di preda sono le ossa di cigni, anatre e gru recuperate nello stesso sito. Un'altra ipotesi è che questi bastoni servissero a spaventare animali più grandi, come i cavalli, per spingerli nella direzione desiderata.

G

Questo nostro progenitore pensava in maniera raffinata, utilizzando strumenti basilari per costruire oggetti più complessi, come quello ritrovato in Germania. Inoltre la struttura della sua mandibola e del suo orecchio esterno fanno ipotizzare che Homo Heidelbergensis fosse uno dei primi ominidi capaci di una complessa articolazione vocale. Questo geniale ominide era probabilmente il primo grande utilizzatore del linguaggio, una potente arma che permetteva la trasmissione dell'esperienza e la formazione di culture complesse, estremamente simili alle nostre.

Da *ultimavoce.it/cacciare-con-intelligenza-linventiva-di-homo-heidelbergensis/*

SCRIVERE

Come prepararsi alla prova SCRIVERE

- **Pianifica il tempo a disposizione:** durante l'esame avrai 60 minuti di tempo per l'intera prova. In 60 minuti devi svolgere tutt'e due le tracce. Calcola 30 minuti circa per ogni prova.
- **Se scrivi una "brutta copia"** calcola 10 minuti per copiare il testo in "bella copia".
- **Conta il numero di parole** e rispetta il limite indicato per la prima e la seconda traccia: i testi con un numero di parole inferiore al numero minimo indicato saranno annullati.
- **Non scrivere testi troppo lunghi.** Le parole in più (oltre il limite indicato) sono inutili per la valutazione della prova.

1. Che cosa devi scrivere?

- Dovrai scrivere un testo nella prima parte della prova e un testo nella seconda parte.
  NB: Durante l'esame nella seconda parte della prova SCRIVERE troverai due tracce diverse. Ti verrà chiesto di sceglierne e di svolgerne <u>una sola</u>: quando sarai lì, leggile con attenzione, scegline una e scrivi il numero corrispondente nell'apposito spazio vuoto.
- Leggi bene la traccia e fa' attenzione alle parole chiave della scaletta (descrivi / racconta / spiega, eccetera) per capire che cosa devi scrivere.
- Sviluppa tutti i punti della scaletta nell'ordine indicato.
- Nella traccia potresti trovare dei materiali da cui trarre informazioni: studiali bene prima di cominciare a scrivere.

2. Che tipo di testo devi scrivere?

Nella traccia è indicato:

- **il tipo di testo** che devi scrivere: per esempio un articolo, una recensione, una lettera formale, un'email di lavoro, eccetera.
- **a chi** devi scrivere: per esempio i lettori di un blog / di un sito, il tuo capoufficio, un collega di lavoro, eccetera.

A seconda del tipo di testo richiesto e del destinatario, decidi se devi usare un tono formale o informale.

3. Che forma devi dare al testo?

- Scegli un formato (se necessario): per esempio, se scrivi un articolo prova a scrivere un titolo.
- Organizza e seleziona le informazioni.
- Rispetta le convenzioni del genere.
- Cura l'aspetto linguistico (grammaticale e lessicale).
- Dedica particolare attenzione alla progettazione del testo: al livello B2 viene data grande importanza alla capacità di scrivere testi articolati, la cui struttura sia chiara ed evidente.

PRIMA PARTE n. 1 (minimo 160 - massimo 200 parole)

Vuoi pubblicare sul tuo blog un articolo sui giovani e le loro abitudini di lettura.
Hai trovato in rete questi grafici che illustrano il comportamento di lettura nei giovani in Italia:

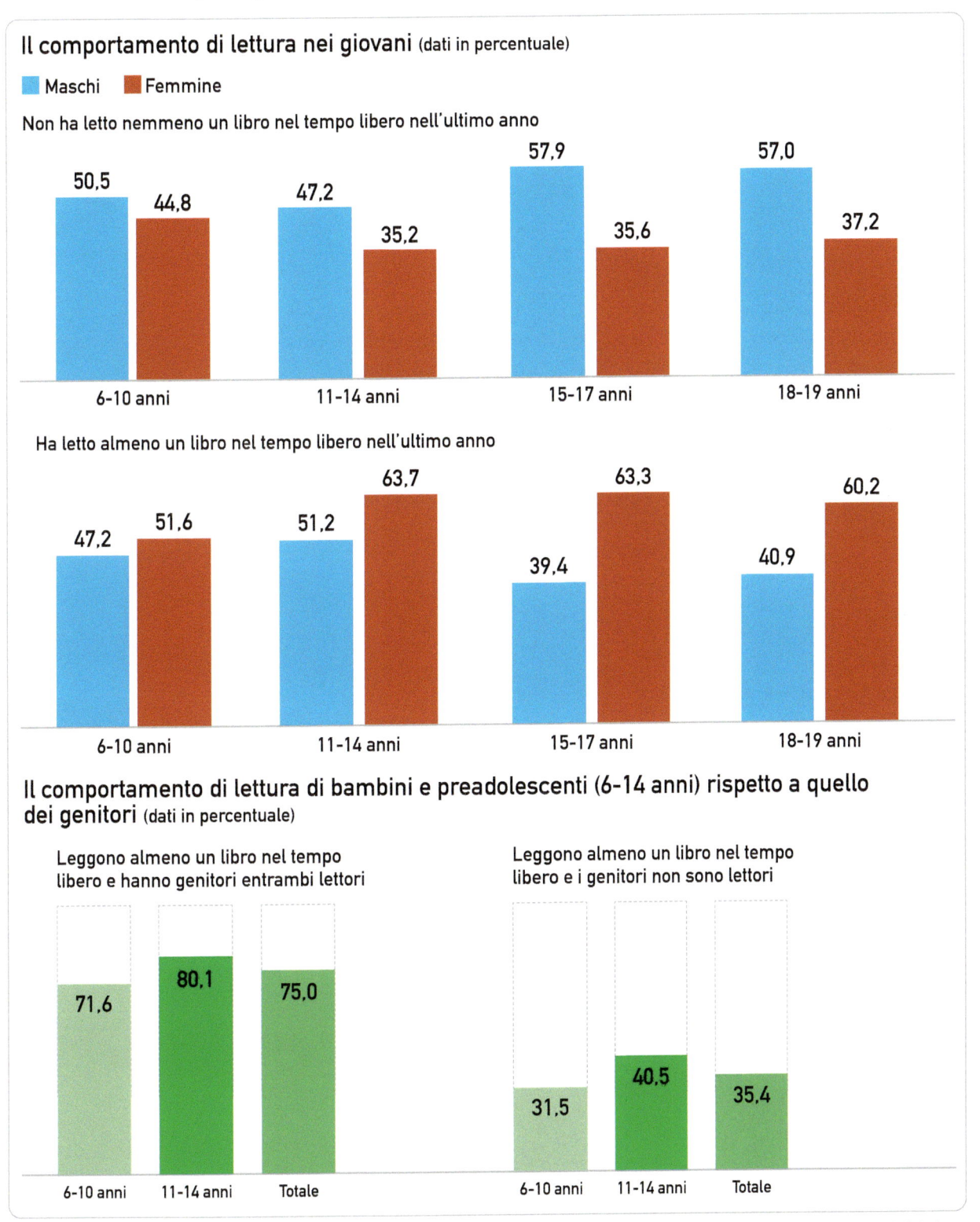

Il comportamento di lettura nei giovani (dati in percentuale)

■ Maschi ■ Femmine

Non ha letto nemmeno un libro nel tempo libero nell'ultimo anno

Fascia d'età	Maschi	Femmine
6-10 anni	50,5	44,8
11-14 anni	47,2	35,2
15-17 anni	57,9	35,6
18-19 anni	57,0	37,2

Ha letto almeno un libro nel tempo libero nell'ultimo anno

Fascia d'età	Maschi	Femmine
6-10 anni	47,2	51,6
11-14 anni	51,2	63,7
15-17 anni	39,4	63,3
18-19 anni	40,9	60,2

Il comportamento di lettura di bambini e preadolescenti (6-14 anni) rispetto a quello dei genitori (dati in percentuale)

Leggono almeno un libro nel tempo libero e hanno genitori entrambi lettori

6-10 anni	11-14 anni	Totale
71,6	80,1	75,0

Leggono almeno un libro nel tempo libero e i genitori non sono lettori

6-10 anni	11-14 anni	Totale
31,5	40,5	35,4

Fonte: Istat "La produzione e la lettura dei libri in Italia", dati 2013

Scrivere - esercizi

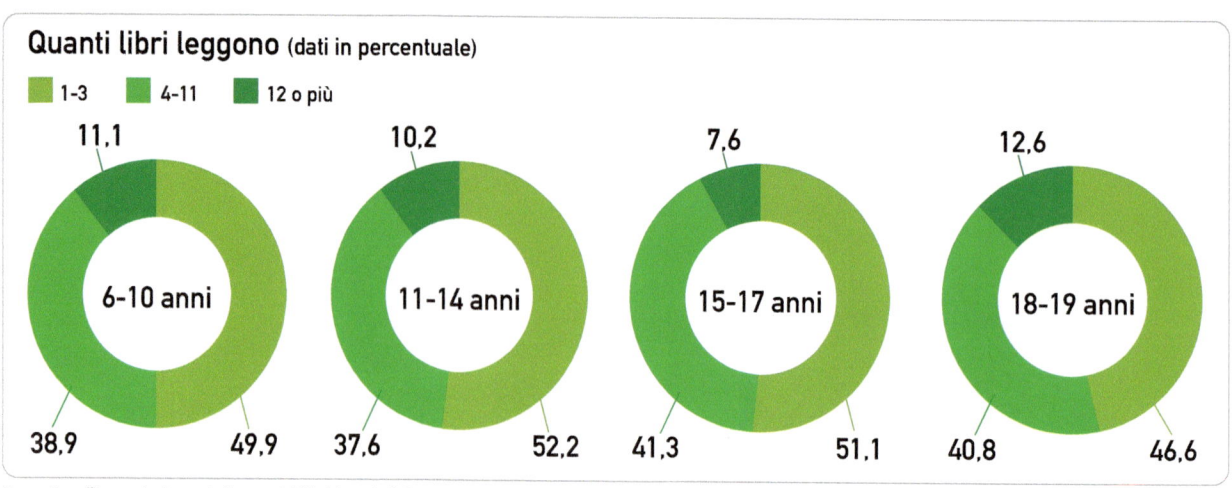

Quanti libri leggono (dati in percentuale)
■ 1-3 ■ 4-11 ■ 12 o più

6-10 anni: 11,1 / 38,9 / 49,9
11-14 anni: 10,2 / 37,6 / 52,2
15-17 anni: 7,6 / 41,3 / 51,1
18-19 anni: 12,6 / 40,8 / 46,6

Fonte: Istat "La produzione e la lettura dei libri in Italia" dati 2013

Scrivi il tuo articolo:
- descrivi brevemente le abitudini di lettura delle ragazze e dei ragazzi italiani;
- commenta nel dettaglio la tendenza descritta nel secondo grafico;
- confronta i dati dell'indagine con le abitudini tue e delle persone che conosci.

(Scrivi tra 160 e 200 parole: il conteggio comprenderà anche gli articoli, le preposizioni o le congiunzioni formati da una sola lettera. Ricorda che all'esame i testi che avranno in totale meno di 160 parole saranno annullati)

Scrivere - esercizi

PRIMA PARTE n. 2 (minimo 160 - massimo 200 parole)

Devi scrivere una breve relazione sull'uso della bicicletta in Italia per il giornale dell'università. Hai trovato questi dati.

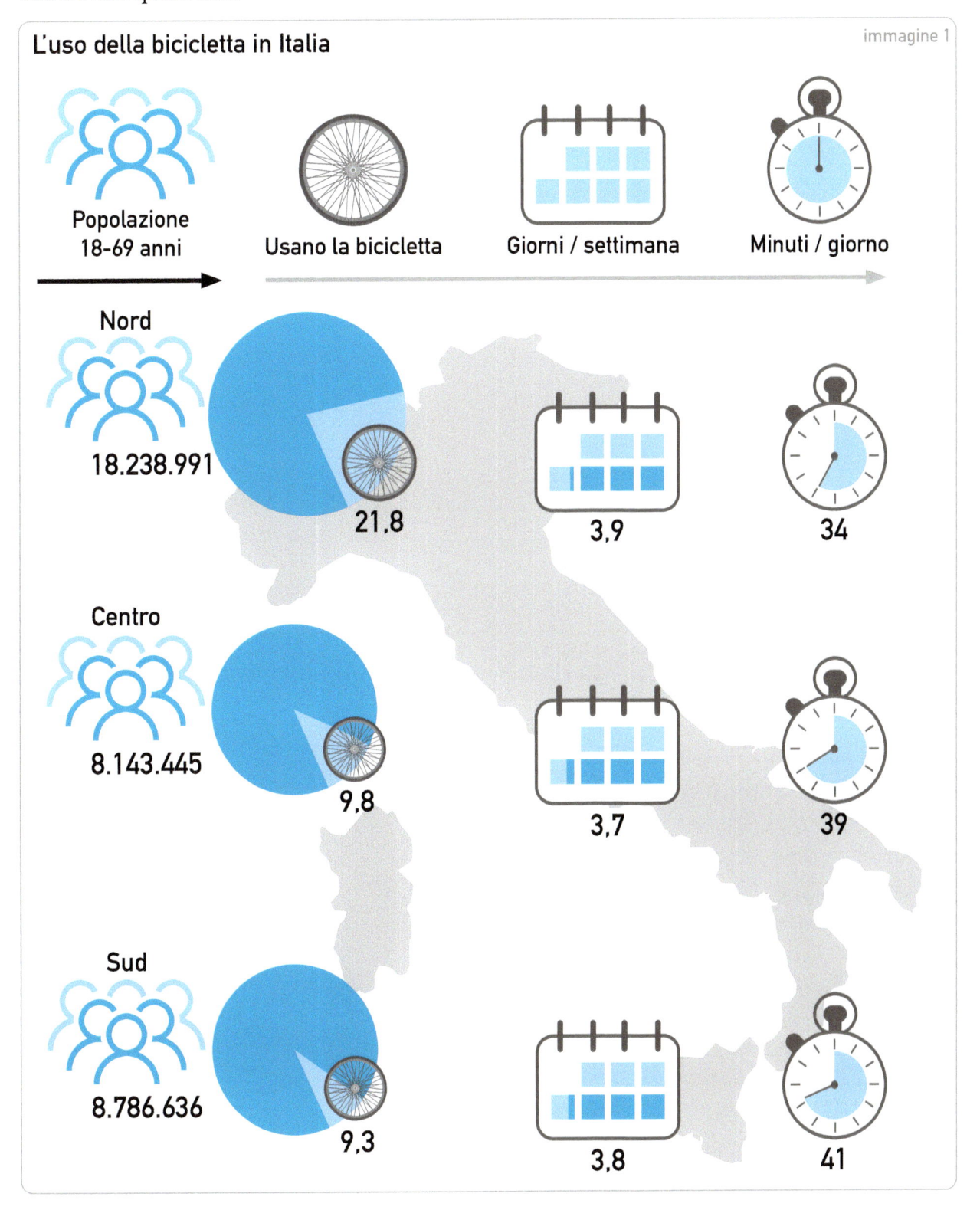

L'uso della bicicletta in Italia

immagine 1

	Popolazione 18-69 anni	Usano la bicicletta (%)	Giorni / settimana	Minuti / giorno
Nord	18.238.991	21,8	3,9	34
Centro	8.143.445	9,8	3,7	39
Sud	8.786.636	9,3	3,8	41

Scrivere - esercizi

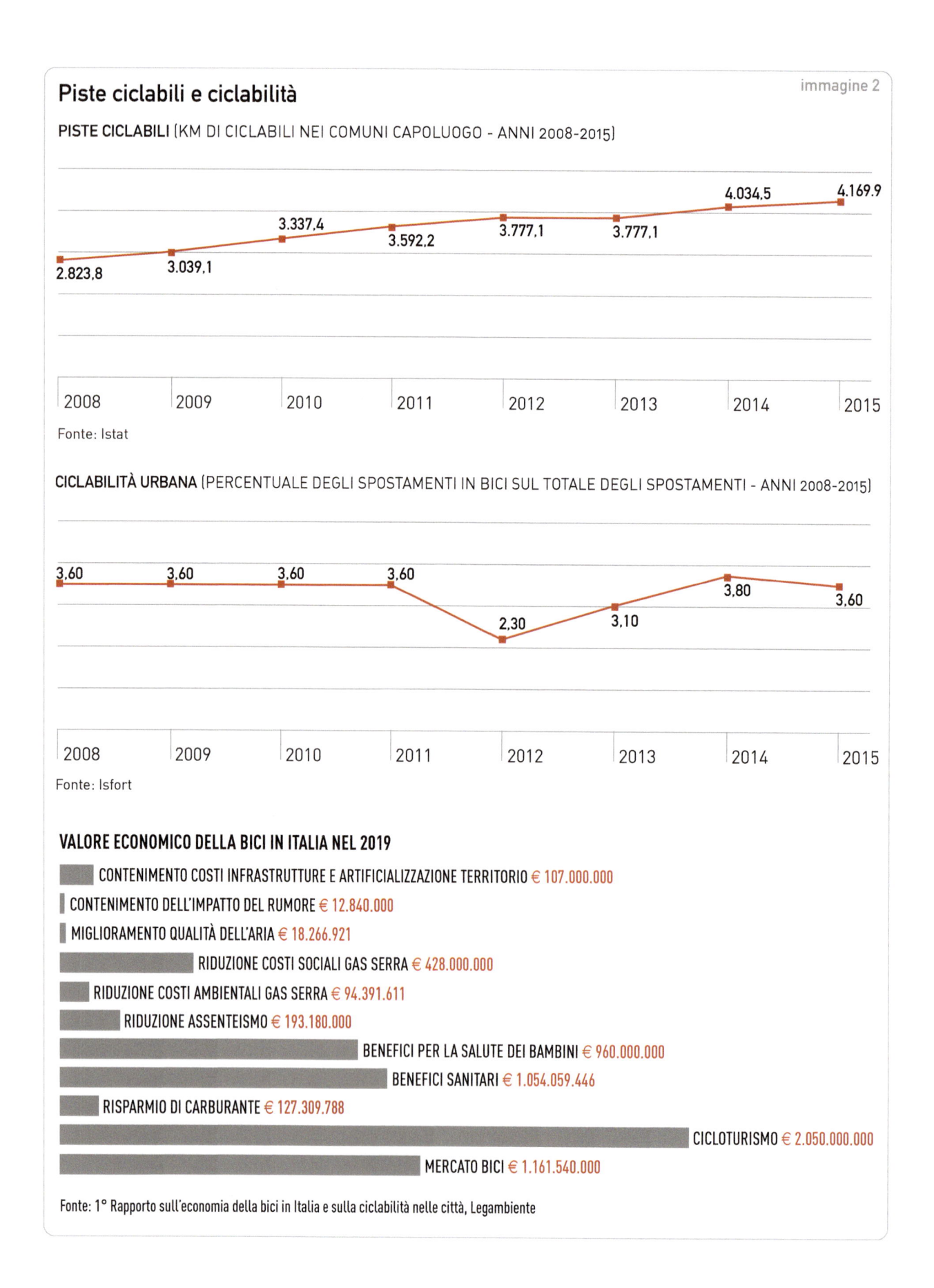

Piste ciclabili e ciclabilità

immagine 2

PISTE CICLABILI (KM DI CICLABILI NEI COMUNI CAPOLUOGO - ANNI 2008-2015)

- 2008: 2.823,8
- 2009: 3.039,1
- 2010: 3.337,4
- 2011: 3.592,2
- 2012: 3.777,1
- 2013: 3.777,1
- 2014: 4.034,5
- 2015: 4.169,9

Fonte: Istat

CICLABILITÀ URBANA (PERCENTUALE DEGLI SPOSTAMENTI IN BICI SUL TOTALE DEGLI SPOSTAMENTI - ANNI 2008-2015)

- 2008: 3,60
- 2009: 3,60
- 2010: 3,60
- 2011: 3,60
- 2012: 2,30
- 2013: 3,10
- 2014: 3,80
- 2015: 3,60

Fonte: Isfort

VALORE ECONOMICO DELLA BICI IN ITALIA NEL 2019

- CONTENIMENTO COSTI INFRASTRUTTURE E ARTIFICIALIZZAZIONE TERRITORIO € 107.000.000
- CONTENIMENTO DELL'IMPATTO DEL RUMORE € 12.840.000
- MIGLIORAMENTO QUALITÀ DELL'ARIA € 18.266.921
- RIDUZIONE COSTI SOCIALI GAS SERRA € 428.000.000
- RIDUZIONE COSTI AMBIENTALI GAS SERRA € 94.391.611
- RIDUZIONE ASSENTEISMO € 193.180.000
- BENEFICI PER LA SALUTE DEI BAMBINI € 960.000.000
- BENEFICI SANITARI € 1.054.059.446
- RISPARMIO DI CARBURANTE € 127.309.788
- CICLOTURISMO € 2.050.000.000
- MERCATO BICI € 1.161.540.000

Fonte: 1° Rapporto sull'economia della bici in Italia e sulla ciclabilità nelle città, Legambiente

Scrivi la tua relazione:
- descrivi e confronta i dati sull'uso della bicicletta nelle varie zone d'Italia (immagine 1);
- di' quale tendenza suggeriscono i due grafici dell'immagine 2;
- illustra alcuni aspetti del valore economico della bici in Italia nel 2019.

(Scrivi tra 160 e 200 parole: il conteggio comprenderà anche gli articoli, le preposizioni o le congiunzioni formati da una sola lettera. Ricorda che all'esame i testi che avranno in totale meno di 160 parole saranno annullati)

Scrivere - esercizi

SECONDA PARTE n. 1 (minimo 160 - massimo 200 parole)

Su un sito hai trovato queste due diverse opinioni sul modo di ottenere dei buoni risultati sul lavoro.

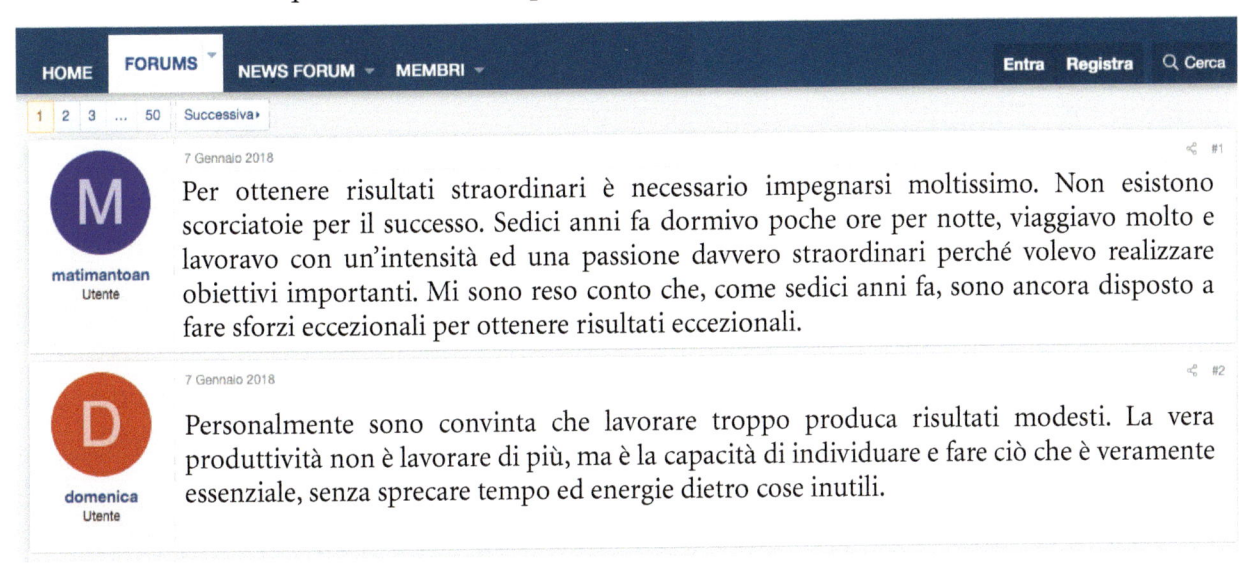

matimantoan - Utente - 7 Gennaio 2018
Per ottenere risultati straordinari è necessario impegnarsi moltissimo. Non esistono scorciatoie per il successo. Sedici anni fa dormivo poche ore per notte, viaggiavo molto e lavoravo con un'intensità ed una passione davvero straordinari perché volevo realizzare obiettivi importanti. Mi sono reso conto che, come sedici anni fa, sono ancora disposto a fare sforzi eccezionali per ottenere risultati eccezionali.

domenica - Utente - 7 Gennaio 2018
Personalmente sono convinta che lavorare troppo produca risultati modesti. La vera produttività non è lavorare di più, ma è la capacità di individuare e fare ciò che è veramente essenziale, senza sprecare tempo ed energie dietro cose inutili.

Il tema ti è piaciuto e hai deciso di parlarne nel tuo blog. Scrivi un testo in cui:
- riporti le due posizioni;
- spieghi quale atteggiamento è più vicino al tuo modo di lavorare, di studiare o di impegnarti nelle cose che fai (sport, hobby, ecc.);
- descrivi quali atteggiamenti ritrovi nelle persone che hai intorno (scuola, famiglia, amici, ecc.).

(Scrivi tra 160 e 200 parole: il conteggio comprenderà anche gli articoli, le preposizioni o le congiunzioni formati da una sola lettera. Ricorda che all'esame i testi che avranno in totale meno di 160 parole saranno annullati)

Scrivere - esercizi

SECONDA PARTE n. 2 (minimo 160 - massimo 200 parole)

Su un blog di viaggi hai trovato le seguenti definizioni di viaggio:

il viaggiatore

Cos'è un viaggio? Partire alla scoperta di qualcosa di insolito, esotico, che non ci appartiene. Paesaggi mai visti, culture lontane, differenti e poi suoni, odori, sapori mai provati prima.
Il viaggio è uno scambio tra ciò che portiamo e quello che raccogliamo altrove, dove speriamo di trovare pezzi di noi, sparsi per il mondo.

Viaggiare è disumano. Obbliga ad avere fiducia negli stranieri e a perdere di vista il comfort familiare della casa e degli amici. Ci si sente costantemente fuori equilibrio. Nulla è vostro, tranne le cose essenziali – l'aria, il sonno, i sogni, il mare, il cielo. (Cesare Pavese)

Scrivi un tuo intervento sul blog in cui:
- commenti il contenuto delle due citazioni;
- spieghi cosa rappresenta per te il viaggio;
- descrivi quali aspetti del viaggio ami e quali ti infastidiscono.

(Scrivi tra 160 e 200 parole: il conteggio comprenderà anche gli articoli, le preposizioni o le congiunzioni formati da una sola lettera. Ricorda che all'esame i testi che avranno in totale meno di 160 parole saranno annullati)

Quaderni del PLIDA B2

PARLARE

PRIMA PARTE - INTERAZIONE

In questa parte dell'esame la commissione deciderà se sosterrai la prova con l'intervistatore o con un altro candidato. Non sarai tu a scegliere la traccia. La traccia verrà scelta dalla commissione.

INTERAZIONE TRA CANDIDATO E INTERVISTATORE n. 1

(minimo 3 / massimo 4 minuti + 3 minuti di preparazione)

Lavori in un'azienda, ma pensi che un anno sabbatico sia un'esperienza necessaria da fare. Decidi di parlarne con il tuo capo:
- illustra la tua proposta;
- spiega cosa faresti e come organizzeresti il tuo lavoro;
- ribatti alle obiezioni del capo.

Prima dell'interazione raccogli le idee guardando l'Allegato a pagina 80.

Come prepararsi all'INTERAZIONE n. 1

1. Leggi bene la traccia.
2. Leggi bene i 3 punti della scaletta. Nei 3 minuti dell'interazione dovrai:
    - ILLUSTRARE una proposta
    - SPIEGARE qualcosa
    - RIBATTERE a delle obiezioni

Dovrai parlare 1 minuto circa per ogni punto della scaletta.

3. Ora hai 3 minuti di tempo:
    - Che cosa puoi dire per ogni punto della scaletta? Aiutati con le informazioni contenute nell'allegato.
    - Che tipo di domande potrà farti il tuo capo? Come potresti rispondere? Aiutati con i punti indicati nell'allegato.
    - Scrivi su un foglio le parole chiave o le espressioni che ti sembrano utili.

Parlare - esercizi

allegato – INTERAZIONE TRA CANDIDATO E INTERVISTATORE n. 1

Prima di parlare con il tuo capo, immagina come rispondere alle sue possibili obiezioni su:

- Durata della tua assenza
  _____
  _____
  _____

- Organizzazione del lavoro in tua assenza
  _____
  _____
  _____

- Competenze che acquisirai
  _____
  _____
  _____

- Valore aggiunto per l'azienda
  _____
  _____
  _____

Cos'è l'anno sabbatico e quando è meglio farlo
L'anno sabbatico è un periodo in cui si smette di andare al lavoro o di studiare. Per legge possono prenderlo i professori e anche i comuni lavoratori. Lo stacco farebbe mettere a fuoco nuovi obiettivi e permetterebbe di aggiornarsi.

Cosa fare durante l'anno sabbatico
Le attività sono svariate: si va dal viaggio itinerante zaino-in-spalla attraverso un continente – il cosiddetto *backpacking* – alle missioni in Africa, dai ragazzi alla pari allo studio di una lingua. In Italia molte associazioni propongono un'esperienza di volontariato.

Dove farlo
A oggi l'Australia è la meta più ambita: «In Australia per lavorare c'è il visto *Working holiday*», spiega Nino, partito dopo la laurea in Ingegneria Civile, «e dopo i primi quattro mesi da bracciante lo rinnovano perché hanno bisogno di manodopera. Poi si parla inglese e per me era l'ideale».

INTERAZIONE TRA CANDIDATI n. 2

(minimo 3 / massimo 4 minuti + 3 minuti di preparazione)

Un tuo amico vuole comprare un film, una serie tv in dvd o un bel libro. Sa che a te piacciono molto il cinema (o la tv, o la letteratura) e ti telefona per un consiglio. Nella telefonata:
- gli consigli un film, una serie tv o un libro, dandogli qualche informazione sull'autore;
- gli racconti brevemente la trama;
- gli spieghi perché ti è piaciuto / piaciuta.

Come prepararsi all'INTERAZIONE n. 2

1. Leggi bene la traccia.
2. Leggi bene i 3 punti della scaletta. Nei 3 minuti dell'interazione dovrai:
   - CONSIGLIARE qualcosa
   - RACCONTARE qualcosa
   - SPIEGARE perché la cosa che hai consigliato ti è piaciuta

Dovrai parlare 1 minuto circa per ogni punto della scaletta.

3. Ora hai 3 minuti di tempo per prepararti:
   - Scegli un'opera che conosci bene e su cui hai tante cose da dire.
   - Che cosa puoi dire per ogni punto della scaletta?
   - Che tipo di domande potrà farti il tuo amico / la tua amica? Come potresti rispondere?
   - Scrivi su un foglio le parole chiave o le espressioni che ti sembrano utili.

Parlare - esercizi

INTERAZIONE TRA CANDIDATI n. 3

(minimo 3 / massimo 4 minuti + 3 minuti di preparazione)

Fate parte di un'associazione di quartiere che si occupa di ambiente. L'associazione ha bisogno di farsi conoscere nel quartiere e in città. Avete idee diverse su come raggiungere questo obiettivo:

Candidato A: vuoi che l'associazione offra al quartiere un servizio permanente, sul modello di quello descritto nell'**Allegato 1** a pagina 83.
Candidato B: vuoi che l'associazione organizzi un grande evento che duri un tempo limitato, sul modello di quello descritto nell'**Allegato 2** a pagina 84.

Parlate tra di voi:
- presentate la vostra idea;
- illustratene i punti di forza;
- decidete quale iniziativa realizzare.

Dovrete cercare di convincere l'altro a sostenere la vostra scelta.

Come prepararsi all'INTERAZIONE n. 3

1. Leggi bene la traccia.

2. Leggi bene i 3 punti della scaletta. Nei 3 minuti dell'interazione dovrai:
- PRESENTARE qualcosa
- EVIDENZIARE i punti di forza di qualcosa
- CONVINCERE il tuo compagno

Dovrai parlare 1 minuto circa per ogni punto della scaletta.

N.B. In questo tipo di interazione riceverai solo il tuo allegato. Non saprai quale idea sosterrà il tuo compagno.
Se ti eserciti con un compagno: decidete chi è il Candidato A e chi è il Candidato B. Preparatevi sul vostro allegato senza mostrarlo al vostro compagno.
Se ti eserciti da solo: scegli se vuoi essere il Candidato A o il Candidato B. Preparati SOLO sul tuo allegato.

3. Ora hai 3 minuti di tempo:
- Che cosa puoi dire per ogni punto della scaletta?
- Che tipo di obiezioni potrà farti l'altro candidato? Come potresti rispondere?
- Scrivi su un foglio le parole chiave o le espressioni che ti sembrano utili.

allegato 1 – INTERAZIONE TRA CANDIDATI n. 3 – CANDIDATO A

OIKOS | PER LA NATURA, CON LE PERSONE — CHI SIAMO   COSA FACCIAMO   UNISCITI A NOI   RISORSE   CONTATTI   EN   **DONA ORA**

Rigeneriamo: laboratori di recupero e riuso per ridurre la creazione di rifiuti a Milano

A febbraio 2014 è nata **un'officina del riuso nel quartiere di Lambrate**: un luogo in cui tutti coloro che avessero bisogno di spazio e attrezzature per re-inventare i propri oggetti potessero anche contare sui suggerimenti e consigli di re-styling delle designer dell'associazione **Spazio StreetStudio**.
A fine progetto, con il contributo degli eco-designer e degli artigiani partecipanti alle attività, è stata realizzata una **mostra di quartiere** per valorizzare non solo i risultati dell'iniziativa, ma anche le realtà della zona 3 di Milano che si occupano di riciclo.

VISIONE

Un futuro in cui ecologia, economia, equità si integrino, riconciliando i bisogni dell'uomo e dell'ambiente.

www.istituto-oikos.org

allegato 2 – INTERAZIONE TRA CANDIDATI n. 3 – CANDIDATO B

UNA SETTIMANA DI EVENTI E INIZIATIVE PER L'AMBIENTE
DAL 22 AL 28 SETTEMBRE

A CURA DEI LABORATORI DI QUARTIERE GRATOSOGLIO, MAZZINI, MOLISE CALVAIRATE, PONTE LAMBRO, SAN SIRO, COMUNE DI MILANO – CASA E DEMANIO

OGNI GIORNO DELLA SETTIMANA SARANNO PROPOSTE QUESTE INIZIATIVE:

> RI-SPAZIO
Lancio e promozione del servizio di scambio di oggetti tra abitanti, dedicato alla ricerca, offerta e scambio di piccoli e grandi elettrodomestici e oggetti di arredamento.

> SGOMBERIAMO!
Iniziativa di sgombero cantine, box auto e ripostigli dagli oggetti inutilizzati e raccolta dei rifiuti ingombranti con la collaborazione di AMSA.

> SPORTELLO INFORMATIVO RIFIUTI
Sportello di informazione e sensibilizzazione rivolto ai cittadini sul tema della raccolta differenziata e del ciclo dei rifiuti.

www.partecipami.it/infodiscs/view/18882

INTERAZIONE TRA CANDIDATI n. 4

(minimo 3 / massimo 4 minuti + 3 minuti di preparazione)

La biblioteca comunale della vostra città ha deciso di rinnovare la sua pagina web. Per fare ciò, ha chiesto anche la collaborazione dei suoi utenti. Potete votare il nuovo logo della biblioteca, scegliendone uno tra quelli proposti. Guardate insieme le proposte che vi sono state inviate (Allegato) e parlate tra di voi:
- commentate insieme ciascuna immagine dal punto di vista grafico e simbolico;
- dite per ciascuna immagine se vi sembra adatta o no al sito e perché;
- decidete insieme quale immagine votare.

Allegato

Come prepararsi all'INTERAZIONE n. 4

1. Leggi bene la traccia.

2. Leggi bene i 3 punti della scaletta. Nei 3 minuti dell'interazione dovrai:
   - COMMENTARE il valore simbolico delle immagini
   - ESPRIMERE LA TUA OPINIONE: sono adatte o no? Perché?
   - CONFRONTARTI con il tuo compagno e arrivare a una decisione comune

Dovrai parlare 1 minuto circa per ogni punto della scaletta.
N.B. In questo tipo di interazione tu e il tuo compagno riceverete lo stesso allegato e potrete riflettere insieme sulla traccia e sui 3 punti della scaletta.

3. Ora hai 3 minuti di tempo:
   - Che cosa puoi dire per ogni punto della scaletta?
   - Che tipo di domande puoi fare all'altro candidato? Come potresti rispondere alle domande che ti farà l'altro candidato?
   - Scrivi su un foglio le parole chiave o le espressioni che ti sembrano utili.

Quaderni del PLIDA B2

Parlare - esercizi

PARLARE

SECONDA PARTE – MONOLOGO

In questa parte dell'esame la commissione ti darà tre tracce che trattano argomenti diversi. Dopo aver letto le tre tracce, sarai tu a decidere su quale argomento parlare.

MONOLOGO 1 (minimo 3 / massimo 4 minuti + 3 minuti di preparazione)

Leggi il testo.

> La moda è essere sé stessi. La moda è quello che non è moda. La moda è tutto ciò che non deve essere seguito. Libertà di movimento, libertà d'espressione, libertà di essere tutto ciò che si vuole essere.
> La moda la si fa, non la si segue. Ogni persona è la moda di se stesso, niente canoni, niente regole: essere solamente ciò che tutto il resto non è.
>
> *(donnemagazine.it/cose-moda/)*

Adesso prepara il tuo discorso. Nei 3 minuti del monologo dovrai:
- dire cosa ti fa venire in mente il testo e a cosa ti fa pensare la parola "moda";
- descrivere il ruolo e la funzione della moda nella tua cultura;
- soffermarti su qualche episodio della tua vita personale o di attualità che riguardi l'argomento e riportarlo;
- rispondere a una domanda dell'intervistatore.

Come prepararsi al MONOLOGO 1

1. Leggi bene la traccia.

2. Leggi bene i 3 punti della scaletta. Nei 3 minuti del monologo dovrai:
   - ESPRIMERE LA TUA OPINIONE sul testo che hai letto
   - DESCRIVERE un aspetto della tua cultura
   - RACCONTARE uno o più episodi

   Dovrai parlare 1 minuto circa per ogni punto della scaletta.

3. Ora hai 3 minuti di tempo:
   - Qual è l'argomento trattato nel testo che hai letto? Seleziona le informazioni importanti.
   - Usa i punti della scaletta come un aiuto per il tuo discorso. Immagina che ogni punto sia una domanda e pensa a come puoi rispondere.
   - Scrivi su un foglio le parole chiave o le espressioni che ti sembrano utili.

MONOLOGO 2 (minimo 3 / massimo 4 minuti + 3 minuti di preparazione)

Leggi questo testo, tratto da un'intervista del 1993 al cantautore Fabrizio De André sullo stato della musica italiana dell'epoca.

> "Direi che in questo momento c'è ben poco. C'è per esempio il metal, io sono poco portato verso questa musica che si può cantare poco. Direi che sono più portato ad ascoltare giovani che stanno recuperando antiche tradizioni popolari, soprattutto in Puglia. Attraverso una musica che in certi casi è rap, quindi d'importazione, ma in altri casi ha radici nella cultura musicale. Alcuni giovani stanno raccontando storie di tutti i giorni nella loro lingua originale. Ce ne sono un po' dappertutto e questa forse è la cosa più interessante. E bisogna tenere presente che una canzone per essere riuscita dovrebbe avere due possibilità di lettura. Quindi canzoni che lì per lì possono sembrare canzoni di evasione, di amore, scavando puoi trovare anche il sociale. Magari chi l'ha scritta, l'ha fatto inconsciamente."

Adesso prepara il tuo discorso. Nei 3 minuti del monologo dovrai:
- riportare brevemente il testo che hai letto;
- descrivere l'influenza della musica internazionale sulla cultura del tuo Paese;
- valutare gli effetti positivi e / o negativi di questa influenza;
- rispondere a una domanda dell'intervistatore.

Come prepararsi al MONOLOGO 2

1. Leggi bene la traccia.
2. Leggi bene i 3 punti della scaletta. Nei 3 minuti del monologo dovrai:
   - RIASSUMERE un testo
   - DESCRIVERE un aspetto della tua cultura
   - ESPRIMERE UN'OPINIONE

Dovrai parlare 1 minuto circa per ogni punto della scaletta.

3. Ora hai 3 minuti di tempo per prepararti:
   - Qual è l'argomento trattato nel testo che hai letto? Seleziona le informazioni importanti.
   - Usa i punti della scaletta come un aiuto per il tuo discorso. Immagina che ogni punto sia una domanda e pensa a come puoi rispondere.
   - Scrivi su un foglio le parole chiave o le espressioni che ti sembrano utili.

Parlare - esercizi

MONOLOGO 3 (minimo 3 / massimo 4 minuti + 3 minuti di preparazione)

Guarda l'immagine e leggi il testo.

> Pier Paolo Spinazzè, in arte **Cibo**, *street artist* di origine veronese, con la sua arte "*culinaria*", cancella tutte quelle brutture che affollano, tristemente, le nostre città. Cibo lavora da 10 anni tra Verona e provincia. "Il mio nome d'arte è stato scelto all'inizio del mio lavoro da artista", dice, "e rappresenta un po' anche il mio stile, la mia filosofia: Cibo siamo un po' tutti. Nel corso del tempo ho trovato molte persone che apprezzano e che seguono il mio lavoro di decoro, anche perché amo il mio Paese e penso che le città siano dei grandi musei: per questo voglio che siano belle". Ma cosa c'entra la cucina? "Ho sempre lavorato anche nell'ambito della ristorazione e ho scritto anche per la rivista «Sapori d'Italia». L'Italia ha un patrimonio gastronomico enorme che viene valorizzato solamente in parte, purtroppo. Per me è una continua fonte d'ispirazione."

Adesso prepara il tuo discorso. Nei 3 minuti del monologo dovrai:
- riportare brevemente il contenuto dell'articolo;
- esprimere la tua opinione sul lavoro del protagonista dell'articolo;
- dire qual è la cosa più brutta della tua città o del tuo Paese, e come la cambieresti;
- rispondere a una domanda dell'intervistatore.

Come prepararsi al MONOLOGO 3

1. Leggi bene la traccia.

2. Leggi bene i 3 punti della scaletta. Nei 3 minuti del monologo dovrai:
   - RIASSUMERE un testo
   - ESPRIMERE UN'OPINIONE
   - RACCONTARE qualcosa e FARE DELLE IPOTESI

   Dovrai parlare 1 minuto circa per ogni punto della scaletta.

3. Ora hai 3 minuti di tempo per prepararti:
   - Qual è l'argomento trattato nel testo che hai letto? Seleziona le informazioni importanti.
   - Usa i punti della scaletta come un aiuto per il tuo discorso. Immagina che ogni punto sia una domanda e pensa a come puoi rispondere.
   - Scrivi su un foglio le parole chiave o le espressioni che ti sembrano utili.

prova d'esame B2

prova d'esame B2

Informazioni sulle prove Ascoltare e Leggere

Le prove di **ricezione** (Ascoltare e Leggere) prevedono tutte esercizi a risposta chiusa.
La prova **Ascoltare** dura 50 minuti ed è composta da quattro parti, per un totale di 18 item.
La prova **Leggere** dura 70 minuti ed è composta da quattro parti, per un totale di 15 item.

Istruzioni per lo svolgimento della prova

Il punteggio assegnato per ogni risposta delle prove Ascoltare e Leggere varia in base alla difficoltà della domanda ed è riportato all'inizio di ogni parte. Ogni risposta errata, omessa o doppia vale zero.

Il tempo a disposizione per svolgere le prove è indicato all'inizio di ciascuna abilità.

Non è consentito l'uso di fogli di brutta copia: potete prendere appunti solo su questo stampato; **alla fine della prova avrete fino a dieci minuti di tempo per trascrivere le risposte** *nel foglio delle risposte*.

È vietato usare il bianchetto; i fogli risposta dovranno essere compilati con una penna a inchiostro non cancellabile blu o nero. I fogli delle risposte riempiti a matita, con la penna cancellabile o corretti con il bianchetto saranno annullati.

Gli apparecchi elettronici devono restare spenti per tutta la durata dell'esame. Durante la prova è vietato utilizzare apparecchi elettronici come smartphone, tablet, lettori ebook o computer. Le prove di coloro che verranno sorpresi con apparecchi elettronici accesi saranno annullate.

Non è possibile utilizzare testi di alcun tipo. Le prove su cui saranno riscontrati inserti anche minimi copiati da altri testi saranno annullate.

Non è possibile usare alcun tipo di materiale didattico o personale di ausilio alle prove (appunti, dizionari, libri, ecc.).

Istruzioni per compilare il foglio delle risposte

■ Segno di risposta corretto:

Marca correcta / Marque correcte:
Correct mark / Markieren Sie Ihre Antwort so:
正确的答案标识

	A	B	C	D
1	○	○	✖	○

■ Per cambiare risposta:

Para cambiar tu respuesta: / Pour modifier ta réponse:
To change your answer: / Ändern Sie Ihre Antwort so:
如要变更答案

1 Annerisci il cerchietto della risposta sbagliata…
Llena el círculo de la respuesta incorrecta…
Remplis le cercle de la réponse erroné…
Darken the circle with the uncorrect answer…
Füllen Sie das falsche Feld aus…
请将错选的圆圈涂黑

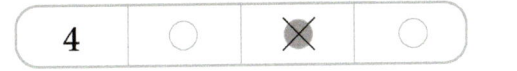

| 4 | ○ | ✖ | ○ |

2 … e segna una X su quella giusta.
… y marca con una cruz la correcta.
… et marque d'une croix la correcte.
… and mark with X the correct one.
… und kreuzen Sie das richtige Feld neu.
并在正确答案上打叉X

| 4 | ✖ | ✖ | ○ |

Quaderni del PLIDA B2

ASCOLTARE

(Durata totale: 50 minuti)

PRIMA PARTE

(Ogni risposta corretta vale 1,5 punti. Le risposte doppie o lasciate in bianco valgono 0 punti)

ISTRUZIONI

Ascolta i brani e completa la frase in **neretto** associando a ogni brano (**1-4**) una delle sei frasi elencate (**A-F**). Scrivi nella tabella la lettera della frase che hai scelto accanto al numero del brano corrispondente. Devi scegliere solo quattro frasi, una per ogni brano.
Fa' attenzione: ci sono due frasi in più. Ora ascolta l'esempio (0):

Quale frase corrisponde al brano che hai appena ascoltato? La frase giusta è la G.

Ora la registrazione sarà interrotta e puoi fare domande alla commissione d'esame se non hai capito le istruzioni.

Adesso hai un minuto per leggere le frasi. Allo scadere del minuto sentirai un suono e inizierà la prova. Ascolterai ogni brano due volte.

Quattro cantanti parlano del disco che hanno appena pubblicato

Le canzoni dell'album…

A trattano argomenti intimi.

B esprimono un desiderio di indipendenza.

C sono nate da spunti letterari.

D descrivono il coraggio di superare le difficoltà.

E raccontano la vita di un personaggio famoso.

F mostrano la scelta di un preciso genere musicale.

G esprimono concetti rassicuranti.

Brano	Frase
0	G
1	
2	
3	
4	

Quaderni del PLIDA B2

prova d'esame B2

Ascoltare

SECONDA PARTE
(Ogni risposta corretta vale 1,5 punti. Le risposte doppie o lasciate in bianco valgono 0 punti)

ISTRUZIONI

In questo esercizio ascolterai tre brani. Ascolta ogni brano e completa le frasi, scegliendo fra le tre soluzioni proposte (A, B, C) l'unica adatta. Devi scegliere solo una soluzione per ogni frase.

Adesso hai un minuto per leggere le frasi. Allo scadere del minuto sentirai un suono e inizierà la prova.

Ascolta il primo brano e completa le frasi 5 e 6. Ascolterai il brano due volte.

A Il cuoco Alessandro Borghese parla del suo programma TV

5. In *Fuori menu*, il programma di Alessandro Borghese,
A. ☐ due cuochi professionisti cucinano per venti amici.
B. ☐ quattro cuochi dilettanti cucinano per venti estranei.
C. ☐ venti concorrenti si sfidano per due posti da cuoco.

6. Spesso i concorrenti
A. ☐ affrontano la prova in modo ansioso.
B. ☐ reagiscono male al giudizio degli altri.
C. ☐ sottovalutano la difficoltà della gara.

Ascolta il secondo brano e completa le frasi 7 e 8. Ascolterai il brano due volte.

B L'attore Pierfrancesco Favino parla di sé e del suo lavoro

7. Favino evita di parlare della sua vita privata per
A. ☐ creare curiosità nel pubblico.
B. ☐ essere più convincente quando recita.
C. ☐ rispettare la volontà dei suoi familiari.

8. A Favino piace
A. ☐ emozionarsi per una nuova interpretazione.
B. ☐ riproporre più volte lo stesso personaggio.
C. ☐ avvicinarsi alle grandi opere della letteratura.

Ascolta il terzo brano e completa le frasi 9 e 10. Ascolterai il brano due volte.

C **Beatrice presenta il programma di studi all'estero *Intercultura***

9. Quando sceglie i giovani per il progetto *Intercultura*, Beatrice valuta soprattutto
A. ☐ le loro esperienze di viaggio.
B. ☐ il loro carattere.
C. ☐ il loro livello culturale.

10. I ragazzi di oggi considerano fondamentale, più di quanto avveniva in passato,
A. ☐ entrare in relazione con le altre culture.
B. ☐ trovare soddisfazione nel lavoro.
C. ☐ rendersi indipendenti il prima possibile.

Ascoltare

TERZA PARTE

(Ogni risposta corretta vale 1,5 punti. Le risposte doppie o lasciate in bianco valgono 0 punti)

ISTRUZIONI

Ascolta il brano e completa le frasi scegliendo fra le tre soluzioni proposte (A, B, C) l'unica adatta. Devi scegliere solo una soluzione per ogni frase.

Adesso hai un minuto per leggere la presentazione del brano e le frasi. Allo scadere del minuto sentirai un suono e inizierà la prova. Ascolterai il brano due volte.

Intervista al giornalista sportivo Bruno Pizzul

11. Il linguaggio delle cronache di Pizzul riflette
A. ☐ il carattere letterario della sua formazione.
B. ☐ l'esperienza maturata in altri ambiti lavorativi.
C. ☐ lo spirito di improvvisazione che aveva da ragazzo.

12. Alcuni colleghi di Pizzul
A. ☐ criticavano il suo linguaggio.
B. ☐ si adeguavano al suo linguaggio.
C. ☐ erano divertiti dal suo linguaggio.

13. Lo scrittore Sandro Veronesi
A. ☐ ha dedicato al linguaggio di Pizzul un numero di una rivista.
B. ☐ notò che il linguaggio di Pizzul era ripreso dai nuovi scrittori.
C. ☐ prese a modello il linguaggio di Pizzul in un corso di scrittura.

14. Secondo Pizzul il linguaggio sportivo
A. ☐ è influenzato dalla letteratura.
B. ☐ modifica il significato di alcune parole.
C. ☐ viene impiegato in diversi contesti.

Ascoltare

QUARTA PARTE
(Ogni risposta corretta vale 2,25 punti. Le risposte doppie o lasciate in bianco valgono 0 punti)

ISTRUZIONI

In questo esercizio ascolterai due brani. Ad ogni brano sono associate due frasi. Completa ogni frase scegliendo dagli elenchi corrispondenti la soluzione adatta, come nell'esempio (**brano A - 0/G**). Devi scegliere solo una soluzione per ogni frase.

Adesso hai un minuto per leggere le frasi. Allo scadere del minuto sentirai un suono e inizierà la prova.

Ascolta il primo brano e completa le frasi 15 e 16. Ascolterai il brano due volte.

A Guglielmo Longo parla del corpo umano

0. L'essere umano è un organismo [G].
15. In un essere umano ☐ ci sono più di 200 varietà di cellule.
16. I tre grandi sistemi del corpo umano funzionano in modo ☐.

- A dotato
- B adulto
- C trasmesso
- D simile
- E particolare
- F relativo
- G complesso

Ascolta il secondo brano e completa le frasi 17 e 18. Ascolterai il brano due volte.

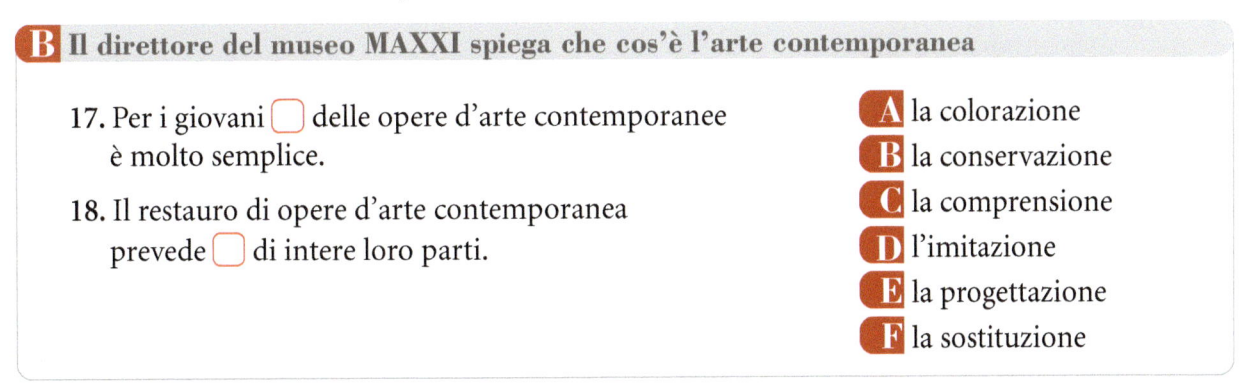

B Il direttore del museo MAXXI spiega che cos'è l'arte contemporanea

17. Per i giovani ☐ delle opere d'arte contemporanee è molto semplice.
18. Il restauro di opere d'arte contemporanea prevede ☐ di intere loro parti.

- A la colorazione
- B la conservazione
- C la comprensione
- D l'imitazione
- E la progettazione
- F la sostituzione

Quaderni del PLIDA B2

prova d'esame B2

LEGGERE
(Durata totale: 70 minuti)

PRIMA PARTE
Ogni risposta corretta vale 2 punti. Le risposte doppie o lasciate in bianco valgono 0 punti)

ISTRUZIONI

Completa le frasi qui sotto (1-3): leggi il testo a pagina 99 e segna una crocetta sul riquadro giusto ☒. Indica solo una possibilità (A, B, C o D).

La nascita di un fratellino (da *Mio fratello rincorre i dinosauri* di Giacomo Mazziarol)

1. Il bambino vuole trovare un nome che
   A. ☐ si pronunci facilmente.
   B. ☐ gli ricordi un familiare.
   C. ☐ sia tipico della sua regione.
   D. ☐ rappresenti bene il fratello.

2. Il bambino è
   A. ☐ contento per i suoi genitori.
   B. ☐ eccitato per l'arrivo del fratello.
   C. ☐ geloso di sua sorella Chiara.
   D. ☐ preoccupato dei suoi giocattoli.

3. Il bambino ha imparato dai genitori a
   A. ☐ dare importanza agli odori.
   B. ☐ collaborare nei lavori di casa.
   C. ☐ parlare quando è necessario.
   D. ☐ usare il denaro con attenzione.

«E come lo chiamiamo?»
Fui il primo a porre la questione mentre mamma mi asciugava i capelli con il phon.
«Petronio», urlò papà dal salotto masticando noccioline.
«Maurilio», risposi io; chissà perché quel nome mi aveva sempre fatto ridere. Pensai che se mio fratello non fosse stato simpatico – cosa possibile, visto che il quoziente di simpatia dei fratelli non lo si può prenotare – ecco, con quel nome per lo meno mi sarei divertito anche solo a chiamarlo.
«Non se ne parla», disse Chiara. «Lo chiameremo Pietro se è un maschio, Angela se è una femmina».
«Chiara», sospirai paziente.
«Sì?»
«Abbiamo già detto che è un maschio». Lei sbuffò, facendo finta di nulla.
«Allora Pietro», ripeté Chiara.
Ma Pietro non piaceva a nessuno e neppure Marcello, Fabrizio e Alberto. Proposi Remo in alternativa a Maurilio, ma non passò. Si provò con i nomi dei nonni e con quelli degli zii, ma niente. Parenti lontani, neppure quelli. Attori e cantanti – niet! Così la questione rimase sospesa. Io ci tenevo a sceglierli il nome giusto: sarebbe stato il nome di mio fratello. E poi doveva combinarsi bene con [il cognome] Mazzariol, che in Veneto, tra l'altro, è il nome di un folletto dal cappello a punta e il vestito rosso che fa i dispetti a chi trascura l'ambiente; uno di quelli le cui storie gli anziani raccontavano nei fienili le sere d'inverno.
Ma nell'esuberanza dei miei cinque anni pensai che non è certo solo il nome, che ti segna. No no, altre cose ti rendono ciò che sei, ciò che sarai. I giocattoli, ad esempio. Per questo, non riuscendo a contenere l'emozione e volendo rendermi utile, il giorno dopo chiesi a papà di accompagnarmi a comprargli un regalo: avevo deciso di regalargli un peluche, il suo peluche di benvenuto. I miei non fecero storie e mamma, anzi, sembrò alquanto felice che mi levassi di torno; da quando ci avevano comunicato la notizia non avevo smesso un secondo di parlare. Così andammo nel mio negozio preferito, un vecchio negozio di giocattoli che mi piaceva perché tra tutti i negozi vecchi era l'unico che profumava di nuovo. Mi serve un peluche forte, pensai, qualcosa che quando mio fratello lo vedrà sarà come se si stesse guardando allo specchio. I miei mi avevano abituato a controllare i prezzi, perché i soldi mica si trovano per strada, ma quella era un'occasione speciale e mi dissi che forse avrei potuto, ecco, sì, avrei potuto spendere anche un po' di più: persino più di dieci euro. Un sacco di soldi, pensai. Ma mio fratello, lui se lo meritava un peluche da più di dieci euro. Mi avvicinai allo scaffale. Mi concentrai sugli animali. C'erano dei conigli, dei gatti, dei cagnolini. No, pensai, non sarà uno che gioca con un coniglio, piuttosto sarà uno da leone, lui, o da rinoceronte, o da tigre, o da... Poi lo vidi.
«Quello», indicai a papà.
«Cos'è?», chiese prendendolo in mano.
Sbuffai per l'ignoranza e alzai gli occhi al cielo. «Un ghepardo», dissi. E pensai: Come si fa a essere un adulto e a non riconoscere un ghepardo?
«Sei sicuro che vuoi questo?»
«È perfetto», risposi.
E lo era. Il ghepardo. L'animale più agile e veloce, maestoso, regale. Già lo immaginavo: mio fratello il ghepardo. Ci saremmo inseguiti per le scale, ci saremmo fatti gli agguati sui letti, avremmo lottato per la supremazia del bagno e, cosa più importante di tutte, avremmo stretto alleanze: io e lui alla conquista del lettore dvd, dei biscotti al cioccolato, del campo da basket. Io e lui. Alla conquista del mondo.

LEGGERE

SECONDA PARTE

(Ogni risposta corretta vale 2 punti. Le risposte doppie o lasciate in bianco valgono 0 punti)

ISTRUZIONI

Il cantante Niccolò Fabi ha da poco pubblicato un disco dal titolo *Una somma di piccole cose*.
A pagina 101 puoi leggerne due recensioni (testo A e testo B): indica a quale testo si riferiscono le frasi della tabella qui sotto (4-8), segnando una crocetta ☒:

- nella colonna A quando la frase si riferisce al testo A;
- nella colonna B quando la frase si riferisce al testo B;
- nella colonna C quando la frase si riferisce a entrambi i testi.

Guarda l'esempio (**0-A**).

	A	B	C
0. Fabi è stato recentemente in tournée con altri due cantautori italiani.	☒	☐	☐
4. Fabi ha inciso il disco in locali di sua proprietà.	☐	☐	☐
5. Fabi ha composto alcune canzoni mentre già registrava il disco.	☐	☐	☐
6. Ogni canzone è stata incisa una volta sola.	☐	☐	☐
7. Sul disco c'è una foto fatta da Niccolò Fabi.	☐	☐	☐
8. Fabi ha inciso il disco senza l'aiuto di altri musicisti.	☐	☐	☐

A

Mettete da parte tutti gli album che avete comprato negli ultimi mesi, anche quelli che amate di più. Fatelo e provate a concentrarvi nell'ascolto di un album italiano, *Una somma di piccole cose* di Niccolò Fabi. Abbandonatevi alle canzoni, lasciate che il vostro cuore possa entrare in sintonia con la musica, che il vostro respiro si adatti alle melodie, che il vostro pensiero si avvolga alle parole cantate. Potreste scoprire che Niccolò Fabi è, oggi, una delle più belle, avvincenti, profonde, straordinarie realtà della musica italiana.

Sì, *Una somma di piccole cose* è un disco per molti versi fuori dall'ordinario, un disco carico di realtà ma in contrasto con la realtà, un disco fatto di una somma di piccole canzoni, di pochi strumenti, di solitudine, malinconia, ma anche di una fenomenale passione, di un'intensità rara, di grandissima poesia. Il cantautore romano, dopo l'indigestione di applausi, di musica, di folla, di successo ottenuta con l'album e il tour con Max Gazzè e Daniele Silvestri, ha sentito il bisogno di mollare tutto e di fare "l'album che ho sempre voluto fare", dice lui, "quello che si muove esattamente all'interno dell'universo musicale che amo. Un album che ascolterei volentieri così come ascolto volentieri Bon Iver, o Ben Howard, o Sufjan Stevens, e che oggi, dopo la meravigliosa esperienza con Max e Daniele, mi sono sentito in grado di fare. Un disco realizzato da solo, in campagna, registrato mentre le canzoni le scrivevo, raccontando la mia dimensione più vera con la mia voce più vera".

Una chitarra, una voce, pochi strumenti, Niccolò Fabi ha voluto togliere tutto quello che non fosse essenziale dalla sua musica, si è voluto concedere, in piena coscienza e con grande maturità, la possibilità di fare un album che rispondesse solo al suo cuore d'artista: "Ma che altro avrei dovuto fare?", dice, "Ho pensato che mettermi in gioco completamente fosse un passo necessario, ho deciso di provare a pubblicare qualcosa di teoricamente impubblicabile, compresa la copertina, che è uno scatto che ho fatto all'improvviso alle sette e mezza del mattino".

B

Una somma di piccole cose è il titolo del nuovo disco del cantautore romano, un lavoro concepito e realizzato nella tranquillità e nel silenzio di una casa di campagna, a Campagnano, nel Lazio. Subito dopo il biennio trionfale che lo ha visto in giro per l'Italia e l'Europa in trio con Silvestri e Gazzè, l'esigenza di Niccolò è quella di tornare alla propria dimensione, alla propria unica identità artistica, dapprima con un piccolo tour in auto, fermandosi in piccoli paesi italiani a suonare per poche persone, per poi allontanarsi definitivamente dall'ambiente cittadino e dalla sua frenesia per ritrovare sé stesso, la sua musica ed i suoi autori preferiti nella sua piccola casa vicino ad una foresta, adibita per l'occasione a studio di registrazione. Tutti i brani contenuti in *Una somma di piccole cose* sono stati infatti interamente registrati da Niccolò Fabi, che ha suonato anche tutti gli strumenti utilizzati.

Fabi ha preferito trasferirsi in campagna senza appunti, né demo, né provini dei pezzi. Le registrazioni che si ascoltano nel disco sono le uniche che sono state registrate per ogni brano e questo ci consegna l'emozione vivida che dà una canzone appena composta ed incisa per la prima volta.

Nell'epoca dei testi volutamente incomprensibili di alcune correnti dell'*indie* italiano, l'album di Niccolò Fabi rappresenta un lavoro in antitesi, in cui la parte più intima di sé esce fuori a testa alta in maniera chiara, comprensibile, empaticamente percepibile. Si possono ritrovare le influenze di alcuni degli autori folk statunitensi più amati dal cantautore romano come Bon Iver, Sufjan Stevens e Ben Howard che vengono definiti dallo stesso Fabi come "musica che mi piace, la mia verrebbe subito dopo, non è che ci senta tutta questa differenza. Questa è la musica che ascolto. A me questo tipo di musica mi fa stare bene."

prova d'esame B2

LEGGERE

TERZA PARTE

(Ogni risposta corretta vale 2 punti. Le risposte doppie o lasciate in bianco valgono 0 punti)

ISTRUZIONI

Completa il testo con le parti mancanti scegliendole tra quelle elencate a pagina 103.

- Inserisci in ogni spazio vuoto la parte di testo mancante (scrivi la lettera corrispondente).
- In ogni spazio vuoto scrivi una sola lettera.

Fa' attenzione: nell'elenco di pagina 103 ci sono due parti di testo in più.

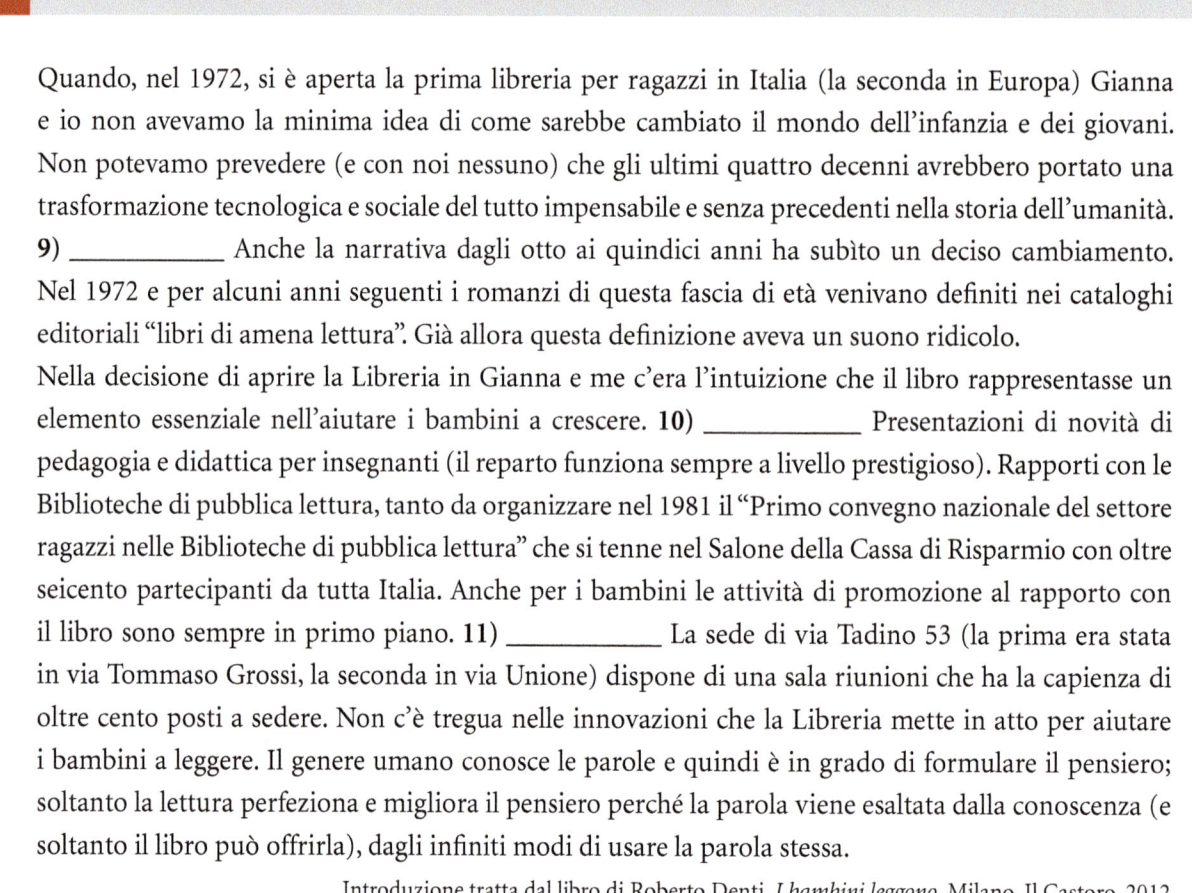

Quando, nel 1972, si è aperta la prima libreria per ragazzi in Italia (la seconda in Europa) Gianna e io non avevamo la minima idea di come sarebbe cambiato il mondo dell'infanzia e dei giovani. Non potevamo prevedere (e con noi nessuno) che gli ultimi quattro decenni avrebbero portato una trasformazione tecnologica e sociale del tutto impensabile e senza precedenti nella storia dell'umanità. **9)** _____ Anche la narrativa dagli otto ai quindici anni ha subìto un deciso cambiamento. Nel 1972 e per alcuni anni seguenti i romanzi di questa fascia di età venivano definiti nei cataloghi editoriali "libri di amena lettura". Già allora questa definizione aveva un suono ridicolo.

Nella decisione di aprire la Libreria in Gianna e me c'era l'intuizione che il libro rappresentasse un elemento essenziale nell'aiutare i bambini a crescere. **10)** _____ Presentazioni di novità di pedagogia e didattica per insegnanti (il reparto funziona sempre a livello prestigioso). Rapporti con le Biblioteche di pubblica lettura, tanto da organizzare nel 1981 il "Primo convegno nazionale del settore ragazzi nelle Biblioteche di pubblica lettura" che si tenne nel Salone della Cassa di Risparmio con oltre seicento partecipanti da tutta Italia. Anche per i bambini le attività di promozione al rapporto con il libro sono sempre in primo piano. **11)** _____ La sede di via Tadino 53 (la prima era stata in via Tommaso Grossi, la seconda in via Unione) dispone di una sala riunioni che ha la capienza di oltre cento posti a sedere. Non c'è tregua nelle innovazioni che la Libreria mette in atto per aiutare i bambini a leggere. Il genere umano conosce le parole e quindi è in grado di formulare il pensiero; soltanto la lettura perfeziona e migliora il pensiero perché la parola viene esaltata dalla conoscenza (e soltanto il libro può offrirla), dagli infiniti modi di usare la parola stessa.

Introduzione tratta dal libro di Roberto Denti, *I bambini leggono*, Milano, Il Castoro, 2012

A

I libri per bambini si vendono, nelle librerie, generalmente sotto Natale, durante il cosiddetto periodo delle strenne. Poi da gennaio a ottobre il mercato si ferma. Sì, naturalmente, le cartolerie vendono i libri da dipingere, qualche pessimo Abicì, qualche libro con la copertina e le pagine in cartone, i libri per i più piccini.

B

Non avevamo una preparazione specifica (anche perché non esistevano punti di riferimento culturali che potessero fornircela) ma credo che siamo riusciti a rispondere alle richieste di generazioni che in gran fretta cambiavano le loro esigenze. Tante le attività intraprese, sin dall'inizio, oltre la vendita dei libri.

C

Ogni sabato pomeriggio da ottobre a maggio (e a novembre e dicembre anche la mattina della domenica), vengono organizzati incontri con autori, illustratori, attori che leggono pagine di libri, attività di ogni tipo di promozione alla lettura.

D

Infatti il libro per bambini vive molto sulla copertina, perché noi pensiamo che i bambini arriveranno, o ce lo auguriamo. Se si mettono sugli scaffali a muro i libri, come normalmente avviene in qualsiasi libreria o nelle stesse librerie di casa con i libri affiancati l'uno all'altro, nessuno li può vedere.

E

Un cambiamento al quale hanno fatto fronte anche i libri, sia in senso qualitativo che numerico. Fino al 1980 l'Editoria pubblicava 250/270 novità per ragazzi all'anno. Oggi siamo a circa 3000. A trarne vantaggio sono stati soprattutto i piccoli lettori che hanno visto le pubblicazioni a loro destinate raggiungere livelli di ottima qualità.

prova d'esame B2

LEGGERE

QUARTA PARTE
(Ogni risposta corretta vale 2 punti. Le risposte doppie o lasciate in bianco valgono 0 punti)

ISTRUZIONI

Nella tabella qui sotto ci sono quattro domande (**12-15**): la risposta a ogni domanda si trova in uno dei paragrafi in cui è diviso il testo di pagina 105 (**B-G**). Indica il paragrafo giusto per ogni domanda, scrivendo nello spazio vuoto la lettera corrispondente, come nell'esempio (**0-A**). Attenzione: ad alcuni paragrafi non corrisponde nessuna domanda.

Grandezze fisiche e unità di misura

0
Che cos'è una grandezza fisica? — **A**

12
Quali criteri si cerca di seguire oggi per ridefinire le unità di misura?

13
In che anno è stato adottato un metodo per le misurazioni valido in tutto il mondo?

14
In quali culture vengono usati due modi diversi di misurare le grandezze?

15
Per quale motivo è stata aggiornata la definizione di secondo?

A

Una grandezza fisica è qualunque proprietà di un fenomeno naturale che possa venire misurata. La misura di una grandezza avviene attraverso il confronto con una grandezza omogenea (dello stesso tipo) che viene presa come riferimento, detta unità di misura. L'operazione di confronto deve stabilire di quante volte la grandezza di riferimento è maggiore o minore della grandezza da misurare. La misura della grandezza fisica è rappresentata da un valore numerico, seguito dal simbolo dell'unità di misura scelta per misurarla.

B

Se, per esempio, si vuole conoscere la lunghezza di un oggetto, occorre scegliere una lunghezza campione; generalmente si utilizza il metro (definito più avanti), il cui simbolo è m, e la misura consiste nel confrontare l'oggetto da misurare con un campione del metro. Una volta effettuata questa operazione, se l'oggetto risulta lungo come tre volte il campione, si dirà che l'oggetto misura tre metri e si scriverà 3 m.

C

Poiché le grandezze fisiche, e le conseguenti unità che è possibile adottare per misurale, sono innumerevoli, nel 1960, attraverso la IX Conferenza Internazionale dei Pesi e delle Misure, è stato istituito un sistema di unità di misura omogeneo, assoluto, invariante e decimale: si tratta del Sistema Internazionale di unità di misura, indicato generalmente con la sigla SI, il cui scopo è quello di rendere più semplici gli scambi di conoscenze tra scienziati di nazionalità differenti. Il SI rappresenta la versione più recente del sistema metrico decimale, introdotto in Francia alla fine del Settecento.

D

I popoli anglosassoni usano anche un altro sistema di misura non decimale, utilizzato ancora oggi in ambito non scientifico. Il Sistema Internazionale, oggi accettato universalmente, si basa su sette grandezze fondamentali e sulle loro rispettive unità di misura fondamentali, arbitrariamente scelte, da cui tutte le altre vengono derivate.

E

L'unità di lunghezza è il metro (simbolo m), definito in Francia nel 1799 come la quarantamilionesima parte di un meridiano terrestre: per non creare confusione con questa definizione, a partire dal 1875 è stato conservato all'Ufficio Pesi e Misure di Sèvres (presso Parigi) un campione di platino-iridio del metro, che fungeva da riferimento. Recentemente il metro è stato ridefinito come la distanza percorsa nel vuoto dalla luce nell'intervallo di tempo di 1/299.792.558 secondi.

F

Naturalmente questa definizione implica la definizione dell'unità di misura del tempo, che nel Sistema Internazionale è il secondo (simbolo s). Il secondo fu inizialmente definito come 1/86.400 della durata del giorno solare medio, ma poiché la velocità di rotazione della Terra non è costante, è stato ridefinito nel 1967.

G

La tendenza attuale nella definizione delle unità di misura è quella di svincolarle da qualsiasi campione materiale e di basarle sulle costanti universali (la velocità della luce, il numero di Avogadro, ecc.) e sul secondo, per non dipendere da campioni che possano alterare con il tempo le loro caratteristiche.

prova d'esame B2

B2

Ascoltare 1 *(Item 1-4)*

	A	B	C	D	E	F
1	○	○	○	○	○	○
2	○	○	○	○	○	○
3	○	○	○	○	○	○
4	○	○	○	○	○	○

Ascoltare 2 *(Item 5-10)*

	A	B	C
5	○	○	○
6	○	○	○
7	○	○	○
8	○	○	○
9	○	○	○
10	○	○	○

Ascoltare 3 *(Item 11-14)*

	A	B	C
11	○	○	○
12	○	○	○
13	○	○	○
14	○	○	○

Ascoltare 4 *(Item 15-18)*

	A	B	C	D	E	F
15	○	○	○	○	○	○
16	○	○	○	○	○	○
17	○	○	○	○	○	○
18	○	○	○	○	○	○

Firmando questo foglio dichiaro:
- che le risposte da me riportate su questo foglio fanno fede ai fini del calcolo del punteggio delle mie prove Ascoltare e / o Leggere;
- di aver letto, di conoscere e di accettare le modalità di svolgimento dei test PLIDA e le condizioni relative al trattamento dei miei dati personali così come sono riportate sui fascicoli dei test.

Leggere 1 *(Item 1-3)*

	A	B	C	D
1	○	○	○	○
2	○	○	○	○
3	○	○	○	○

Leggere 2 *(Item 4-8)*

	A	B	C
4	○	○	○
5	○	○	○
6	○	○	○
7	○	○	○
8	○	○	○

Leggere 3 *(Item 9-11)*

	A	B	C	D	E
9	○	○	○	○	○
10	○	○	○	○	○
11	○	○	○	○	○

Leggere 4 *(Item 12-15)*

	A	B	C	D	E	F	G
12	○	○	○	○	○	○	○
13	○	○	○	○	○	○	○
14	○	○	○	○	○	○	○
15	○	○	○	○	○	○	○

Luogo: _____

Data: _____

Firma: _____

SCRIVERE

Istruzioni per lo svolgimento della prova

La prova Scrivere dura <u>in tutto</u> 60 minuti.

Non è consentito l'uso di fogli di brutta copia: si possono prendere appunti solo sul fascicolo d'esame.

È vietato usare il bianchetto; il fascicolo della prova Scrivere dovrà essere compilato con una penna a inchiostro non cancellabile blu o nero. **DOVETE USARE LA PENNA ANCHE PER APPUNTI, ANNOTAZIONI O BRUTTE COPIE.** <u>I fascicoli riempiti a matita, con la penna cancellabile o corretti con il bianchetto saranno annullati.</u>

Gli apparecchi elettronici devono restare spenti per tutta la durata dell'esame. Durante la prova è vietato utilizzare apparecchi elettronici come smartphone, tablet, lettori ebook o computer. Le prove di coloro che verranno sorpresi con apparecchi elettronici accesi saranno annullate.

Non è possibile utilizzare testi di alcun tipo. Le prove Scrivere su cui saranno riscontrati inserti anche minimi provenienti da altri testi di cui sia possibile rintracciare la fonte saranno annullate.

Saranno annullate tutte le prove Scrivere che risulteranno del tutto o in parte uguali tra loro.

La prova Scrivere è composta da due parti ed è considerata valida solo se tutte e due le parti vengono svolte. Le prove di cui verrà svolta una sola parte saranno annullate. Nella seconda parte della prova Scrivere vengono proposte due tracce: il candidato deve sceglierne e svolgerne solo una.

Ogni parte della prova Scrivere prevede un numero minimo di parole (riportato nelle istruzioni). Saranno annullate tutte le prove che non raggiungeranno in ogni parte il numero minimo indicato.

Non è possibile usare alcun tipo di materiale didattico o personale di ausilio alle prove (appunti, dizionari, libri, ecc.). Le prove di coloro che verranno sorpresi con uno qualsiasi di questi materiali saranno annullate.

prova d'esame B2

PRIMA PARTE (minimo 160 - massimo 200 parole)

Scrivi su un sito rivolto ai giovani. Devi presentare i risultati di un sondaggio sul sistema scolastico italiano somministrato a circa 80.000 "millennials", a partire da questi grafici.

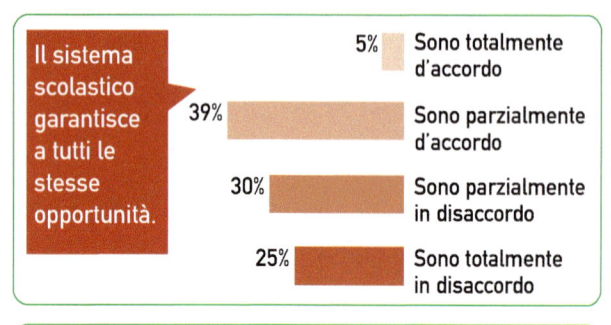

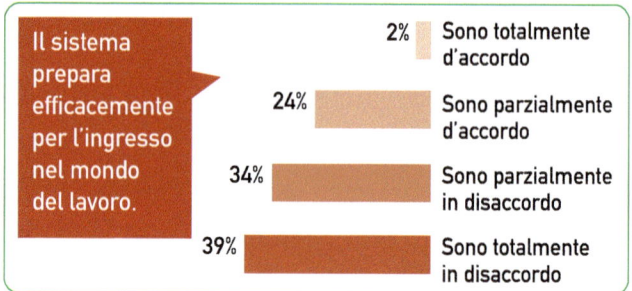

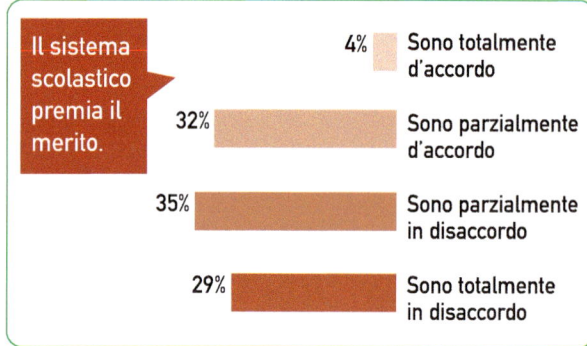

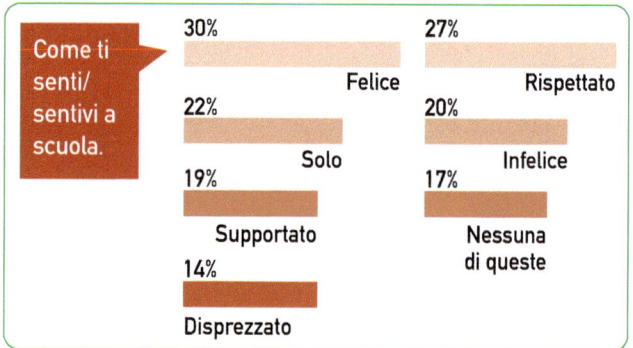

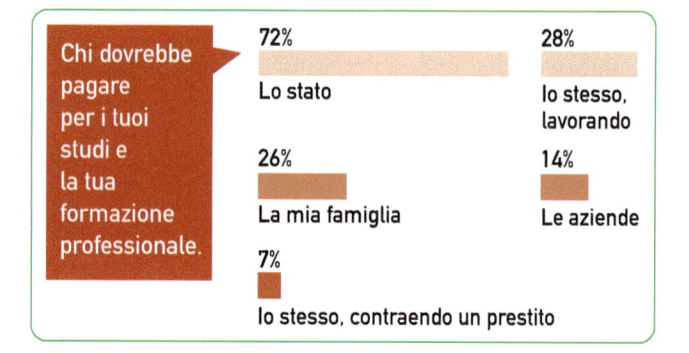

Il sistema scolastico garantisce a tutti le stesse opportunità.
- 5% Sono totalmente d'accordo
- 39% Sono parzialmente d'accordo
- 30% Sono parzialmente in disaccordo
- 25% Sono totalmente in disaccordo

Il sistema prepara efficacemente per l'ingresso nel mondo del lavoro.
- 2% Sono totalmente d'accordo
- 24% Sono parzialmente d'accordo
- 34% Sono parzialmente in disaccordo
- 39% Sono totalmente in disaccordo

Il sistema scolastico premia il merito.
- 4% Sono totalmente d'accordo
- 32% Sono parzialmente d'accordo
- 35% Sono parzialmente in disaccordo
- 29% Sono totalmente in disaccordo

Come ti senti/sentivi a scuola.
- 30% Felice
- 27% Rispettato
- 22% Solo
- 20% Infelice
- 19% Supportato
- 17% Nessuna di queste
- 14% Disprezzato

Chi dovrebbe pagare per i tuoi studi e la tua formazione professionale.
- 72% Lo stato
- 28% Io stesso, lavorando
- 26% La mia famiglia
- 14% Le aziende
- 7% Io stesso, contraendo un prestito

Scrivi l'articolo:
- presenta i dati;
- evidenzia i dati secondo te più significativi;
- proponi delle soluzioni ai problemi sollevati dalle risposte al sondaggio.

(Scrivi tra 160 e 200 parole: il conteggio comprenderà anche gli articoli, le preposizioni o le congiunzioni formati da una sola lettera. I testi che hanno in totale meno di 160 parole saranno annullati)

prova d'esame B2

SECONDA PARTE (minimo 160 - massimo 200 parole)

Su un blog online stai seguendo una discussione su "vivere e lavorare all'estero". Trovi queste due testimonianze.

mollo tutto.com

I consigli di chi è partito: pro e contro

Lorenzo vive in Olanda da due mesi. Ha raggiunto suo cugino ed ora lavora in un ristorante come chef. Non ha molto tempo libero, perché il suo lavoro occupa tutta la sua giornata, ma a fine servizio è felice e la paga è buona ("meglio di quanto guadagnerei in Italia" dice lui). Certi giorni Lorenzo è giù di morale, perché non ha ancora imparato la lingua e non ha possibilità di esprimersi come vorrebbe. Inoltre, questo gli impedisce di fare quattro chiacchiere con qualcuno.

Alessandro si è trasferito in Inghilterra per seguire la sua fidanzata. Entrambi concordavano sul fatto che all'estero avrebbero avuto più possibilità di far carriera. Ora lavorano nello stesso ospedale e non potrebbero essere più contenti di così. Anche secondo lui, però, l'ostacolo più difficile da superare è la lingua, soprattutto se si vuole instaurare un rapporto più profondo con qualcuno; le differenze climatiche e culturali, poi, gli fanno rimpiangere, a volte, l'Italia.

Decidi di scrivere un tuo contributo sul blog, basandoti sulla tua esperienza o su quella di persone a te vicine:
- di' in che modo vivere in un altro Paese può essere fonte di crescita e arricchimento;
- di' quali sono le difficoltà di adattamento alla vita in un altro Paese;
- racconta un episodio particolare per illustrare l'uno e l'altro aspetto.

(Scrivi tra 160 e 200 parole: il conteggio comprenderà anche gli articoli, le preposizioni o le congiunzioni formati da una sola lettera. I testi che hanno in totale meno di 160 parole saranno annullati)

prova d'esame B2

PARLARE

(Durata totale: 15 minuti)

PRIMA PARTE

INTERAZIONE CON L'INTERVISTATORE

Lavori per la redazione di una rivista che ha indetto questo concorso:

> La nostra rivista dà spazio ai giovani talenti fotografici: ogni settimana sul profilo Instagram della rivista un giovane fotografo racconta con i suoi scatti le parole Libertà, Uguaglianza, Solidarietà e Trasformazione.

Devi scegliere il fotografo da pubblicare su Instagram questa settimana. Ne parli con il direttore del giornale:
- presenta l'album che hai scelto;
- motiva la tua scelta in rapporto al tema del concorso;
- cerca di convincere il direttore a selezionare l'album che hai scelto.

Prima dell'interazione guarda i tre album qui sotto e scegli quello che secondo te rappresenta meglio il tema del concorso.

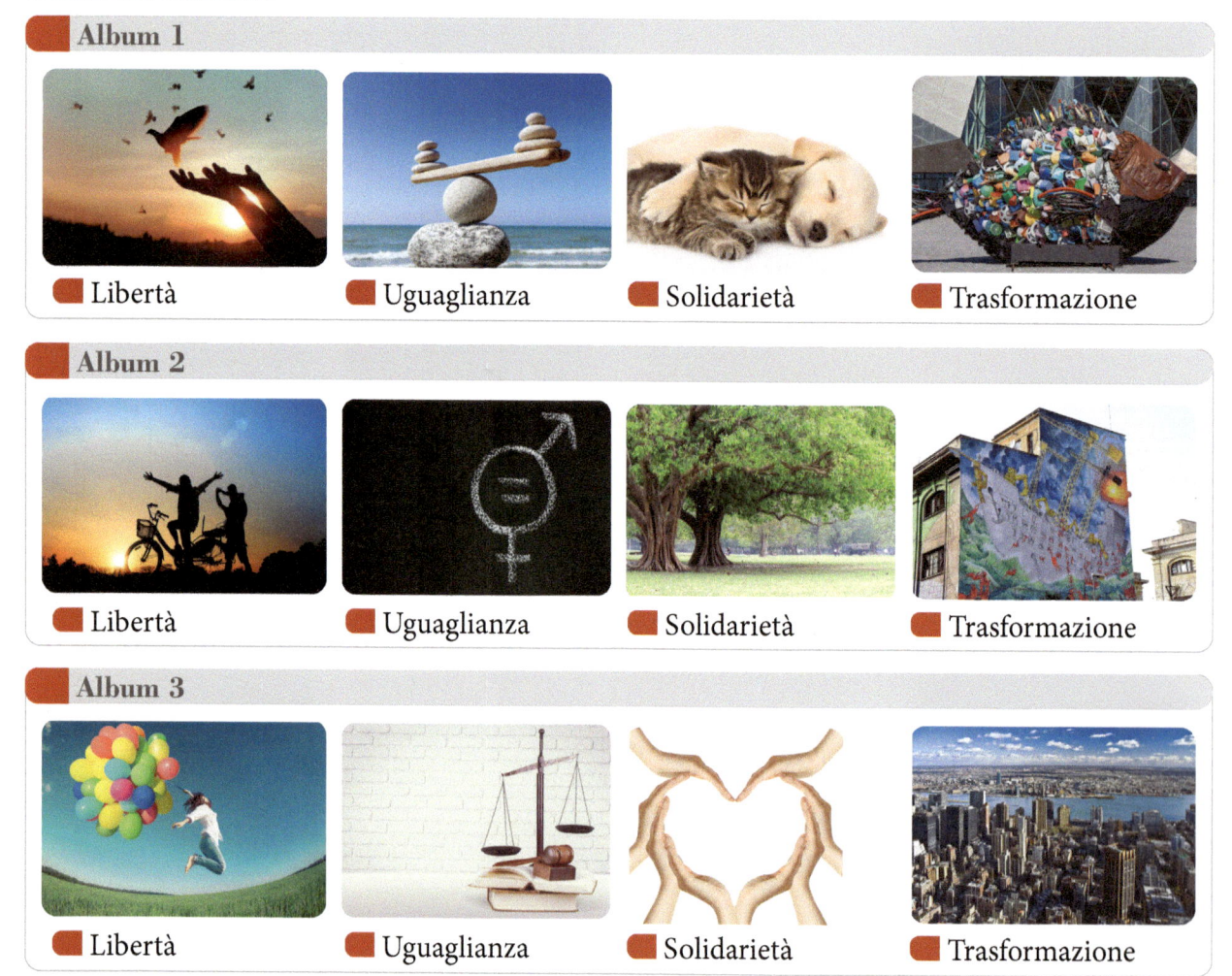

Album 1

| Libertà | Uguaglianza | Solidarietà | Trasformazione |

Album 2

| Libertà | Uguaglianza | Solidarietà | Trasformazione |

Album 3

| Libertà | Uguaglianza | Solidarietà | Trasformazione |

INTERAZIONE TRA CANDIDATI n. 2

Fate parte della giuria di una manifestazione artistica su graffiti e street art. Qui sotto trovate le due opere che sono arrivate in finale. Spetta a voi scegliere quale proporre come vincitrice del concorso.

Candidato A: preferisci l'opera numero 1.
Candidato B: preferisci l'opera numero 2.

Parlate tra di voi:
- presentate l'opera che preferite;
- dite che cosa rappresenta e quali emozioni vi suscita;
- scegliete insieme l'opera vincitrice.

1. Opera di Hopnn (Bologna)

2. Opera di Seth (Roma)

prova d'esame B2

PARLARE

SECONDA PARTE - MONOLOGO

MONOLOGO 1

Leggi il testo.

> Qualità della vita è un termine utilizzato sia dalla gente comune sia dagli studiosi e dai politici. Tutti concordano sulla sua importanza, ma il suo significato non è uguale per tutti: aspetti come l'età, la condizione sociale, il sistema di valori culturali, il gusto individuale condizionano il nostro punto di vista e le nostre valutazioni su questo argomento. Se poi cerchiamo di applicare il concetto di "qualità della vita" all'ambiente urbano e cerchiamo di misurarlo e valutarlo, ci troviamo davanti a una sfida veramente difficile.

Adesso prepara il tuo discorso. Nei tre minuti del monologo dovrai:
- specificare gli aspetti che secondo te influiscono di più sulla qualità della vita;
- motivare la tua scelta rispetto al posto in cui vivi;
- immaginare delle soluzioni per migliorare la qualità della vita delle grandi città;
- rispondere a una domanda dell'intervistatore.

MONOLOGO 2

Leggi il testo.

> I comportamenti ecologici, oltre a fare del bene all'ambiente, d'ora in poi saranno anche premiati, grazie alla nuova app Civic, nata dall'intuizione di un giovane imprenditore italiano.
> Civic è infatti un social game che premia i comportamenti ecologici virtuosi come l'uso dei mezzi pubblici, biciclette e car sharing, la raccolta differenziata dei rifiuti e l'acquisto di prodotti eco-friendly. Per ogni comportamento ecologico gli utenti iscritti ricevono somme di moneta virtuale da spendere all'interno di un circuito di aziende green o, in alternativa, da donare a enti no-profit per la difesa ambientale.
>
> da *ideegreen.it*

Adesso prepara il tuo discorso. Nei tre minuti del monologo dovrai:
- riportare in breve l'articolo;
- dire che cosa pensi di questa iniziativa;
- parlare di altre iniziative di tua conoscenza che contribuiscono a generare comportamenti virtuosi e azioni positive per tutta la società/comunità;
- rispondere a una domanda dell'intervistatore.

MONOLOGO 3

Leggi il testo.

> Sconfiggono già i migliori campioni di scacchi, possono vincere milioni di dollari a poker e pubblicare libri di poesie. Ma il campo dell'intelligenza artificiale oggi è ancora appena agli inizi. E se temete l'inesorabile avanzata delle macchine, la verità è che probabilmente avete ragione. Che poi si riveli un bene o un male – come si suole dire – lo scopriremo solo vivendo. Sì, perché nei prossimi 50 anni i computer potrebbero superare gli esseri umani in ogni campo e rivoluzionare completamente la nostra società, con la totale automazione di ogni aspetto del mondo del lavoro. Questa almeno è l'opinione dei maggiori esperti mondiali di intelligenza artificiale, raccolta da un sondaggio realizzato da un team di ricercatori di Oxford e Yale.
>
> <div align="right">da <i>repubblica.it</i></div>

Adesso prepara il tuo discorso. Nei tre minuti del monologo dovrai:
- riportare brevemente l'articolo che hai letto;
- esprimere la tua opinione su questo tema;
- dire a che cosa potrebbero portare, secondo te, gli sviluppi della robotica;
- rispondere a una domanda dell'intervistatore.

Trascrizione dei testi degli esercizi ASCOLTARE

PRIMA PARTE – primo esercizio

ZERO

M: Per fare oggi il giornalista devi saper fare dei video, saperli montare, sapere scrivere un pochino bene ma non è troppo necessario, avere una grande capacità di collegarti con i social network, e quindi, come dire, avere una visione, insomma… perché il web resta diciamo… il cuore dell'informazione. E quindi con queste tre capacità, cioè quindi i social, la capacità di saper fare un video, saperlo montare, saper scrivere, secondo me è il giornalismo del momento e soprattutto del futuro.

UNO

M: Se proprio vuoi fare il giornalista, non è più il tempo del giornalista generico, del giornalista che fa un po' di tutto, di qua e di là. La specializzazione, che specialmente per i giovani è relativamente facile, è quello che ti distingue. Quindi quello che io consiglio, specialmente ai giovani che hanno quindi, almeno in teoria, più tempo per leggere, per studiare, per prepararsi, è quella di trovare un campo, appunto, specifico, approfondirlo il più possibile e così diventare nel mercato qualcuno che porta un suo plus e non semplicemente uno dei tanti che può scrivere di tutto.

DUE

F: Allora io mi sentirei di dire che… che non bisogna, per quanto non ci siano risorse, non ci siano fondi, bisogna sempre cercare di andare sul posto. E mi è piaciuto molto che qua, mentre fate un lavoro sulla geopolitica, su quello che sta succedendo nel mondo, c'è una parte che va sul campo, che significa andare a Roma, che significa andare a fare cose che, apparentemente per chi fa politica estera sembrano di minore importanza, come quella che può essere la cronaca, ma invece poi si fa la stessa cosa. Io penso che non si capisca il mondo se non lo si conosce anche direttamente. Poi non bisogna stare per forza in prima linea, cioè non… non bisogna per forza stare sulla linea del fronte per capire come va una guerra, però i posti bisogna conoscerli, e le persone bisogna parlarci e bisogna andarle a vedere le situazioni, altrimenti non c'è più differenza tra il giornalismo e la realtà virtuale, chi ha detto cosa, chi c'è dietro quella foto e… o dietro quella dichiarazione.

TRE

F: La cosa più importante quando volete provare a scrivere in qualche giornale, collaborare con riviste è innanzitutto, cercare di capire quali sono le persone giuste da contattare, quindi chi coordina i settori, chi sono le persone giuste da individuare che possono darvi una mano, anche per dei consigli e poi mandare… raramente i curricula che nessuno si legge ma mandare delle idee, delle proposte. Al massimo il curriculum deve essere formato da 5-6 righe e poi una volta che il caporedattore vi risponde non vi spaventate, nel senso mandate poi delle idee, delle cose pratiche. Conta più quello che avete fatto dal punto di vista pratico che i posti da cui siete invece passati.

QUATTRO

M: Mah, dovendo dare un consiglio a chi vuole intraprendere questa professione, tra i tanti che si possono dare secondo me ce n'è uno principale: ho avuto modo ultimamente di selezionare alcune persone per uno stage dentro *Giornalettismo*. Una cosa che mi ha impressionato è che molte persone arrivate anche a 27, 28 anni avevano poca esperienza sul campo. Avevano magari due, tre master. Ecco, se c'è un consiglio che voglio dare, che mi sento di dare, è quello di sporcarsi le mani fisicamente, cioè di cominciare a fare qualcosa. Magari un master in meno, meglio una collaborazione, magari anche non pagata o mal retribuita presso un giornale o una piccola redazione ma l'importante è cominciare a farlo questo mestiere, a sporcarsi le mani come ho detto prima perché questo è comunque un mestiere che si impara in bottega.

PRIMA PARTE – secondo esercizio

UNO

M: Si scrive non per noi stessi ma per essere letti da qualcuno. Si scrive per i lettori. E questo cambia le cose, eccome. Perché cambia rivolgersi ai lettori? Dovrebbe essere semplice, dovrebbe essere intuitivo, spesso non è così. Cambia perché non siamo più noi scrittori a doverci appassionare di quello che scriviamo. A piangere o ridere per quello che leggiamo e per le emozioni che emergono da quello che abbiamo scritto. Questi sentimenti, queste emozioni dobbiamo essere capaci di trasferirli ad un lettore. A qualcuno che non conosciamo.

Che non sappiamo chi sia. Non sappiamo che età abbia, non sappiamo dove vive, non sappiamo che estrazione culturale abbia. Qualcuno che potrebbe essere completamente diverso da noi e che non deve fraintendere le emozioni che vogliamo trasferirgli. Noi dobbiamo sapere e avere sempre presente che dall'altra parte chi ci legge potrebbe essere chiunque e fare in modo di essere universali nel nostro modo di comunicare i nostri concetti, i nostri pensieri, le nostre emozioni.

DUE
F: Una storia deve arrivare dal cuore, deve esplodere. Voi dovete essere assolutamente pazzi di lei. Se siete troppo preoccupati su come andrà, su cosa faranno i vostri personaggi, su come finirà la storia stessa, forse questa non è ancora la storia giusta da raccontare. State attenti all'autobiografia. Immedesimarsi troppo con uno dei personaggi rischia di farvi perdere il contatto con tutti gli altri. E spesso le cose autobiografiche devono aver avuto il tempo necessario per essere sedimentate in modo da poterle raccontare in modo più obiettivo. Ma la cosa più importante: non siate ridondanti! Questo è un consiglio che vi daranno spesso. Capisco perfettamente il desiderio di buttare sulla pagina tutte le idee che avete in testa. Fatelo, ma poi prendetevi del tempo e rileggetevi asciugando e togliendo tutto quello che non è strettamente necessario per la vostra storia.

TRE
M: Un amico aveva pubblicato un libro, una volta, e mi aveva detto che da quel momento aveva smesso di leggere per evitare di essere condizionato da altre letture. È una delle più grandi idiozie che abbia mai sentito, come se… non so, un compositore smettesse di ascoltare la musica per non farsi condizionare. La cosa più cretina che ci possa essere. Quindi per imparare a scrivere… di scrittura creativa, la prima cosa è leggere. Leggere tantissimo. E quando leggete, in mano con un libro, possibilmente di carta e non un libro digitale, anche se non ho nulla contro, prendete una matita e cominciate a segnare le frasi. Quelle che più vi interessano, quelle che vi commuovono, quelle che vi emozionano. Quelle anche soprattutto che non vi piacciono. Ci saranno in dei libri anche belli, delle frasi che non vi piacciono, dei periodi che non vi piacciono. Bene. Prendete, sottolineate, fate delle glosse, fate quello che vi pare ma sporcate il libro. Un libro è bello quando è vissuto. In questa maniera ritornandoci sopra comincerete a capire e a vedere perché quella frase vi ha emozionato, quali frasi usate, quali tecniche sta usando lo scrittore per potervi dare quel genere di emozioni.

QUATTRO
M: Anche scrivere è un mestiere e ve ne accorgerete dopo aver passato giorni e notti insonni a cercar parole per comporre azioni. E come tutti i mestieri si affina con l'esperienza e con le malizie. La prima malizia ve l'ho già detta in un incontro precedente: divertitevi! Se non vi divertite voi, come pretendete che si possa divertire un altro? La seconda è: stupitevi. La cosa che state scrivendo deve generare per primi stupore in voi. E ricordatevi che quando un romanzo si scrive da solo e va avanti a spron battuto vuol dire che quel romanzo funziona. La terza cosa: ascoltate la storia ogni volta che avrete la sindrome della pagina bianca, quella che terrorizza ogni scrittore. Ci sono sempre momenti, personaggi della storia pronti ad accorrere in vostro aiuto.

PRIMA PARTE – terzo esercizio

UNO
F: Io sono sempre stata una ragazza molto determinata, però non ho mai avuto le idee chiare sul mio futuro, perché tutto quello che facevo sembrava piacermi, e anche perché riuscivo abbastanza bene più o meno in tutto quello che facevo. Poi, a qualche giorno dalla scadenza delle iscrizioni all'università, ho deciso: voglio studiare storia dell'arte. Il primo passo per decidere di studiare fuori sede è stato chiedermi se per studiare storia dell'arte ci fossero vicino a casa mia degli atenei in cui ci fossero buoni corsi di questa materia, e la risposta è stata: "No". Poi ho pensato a cosa avrei perso e a che cosa avrei guadagnato andando via di casa: sicuramente mi sarebbe mancata la mia famiglia, i miei amici, tutte le mie piccole abitudini, quindi ovviamente andarsene di casa sarebbe stata una bella botta nello stomaco, e poi soprattutto non avrei avuto nessuno che mi lavava, mi stendeva, mi faceva la spesa, eccetera. Però questo sarebbe stato il prezzo da pagare per avere un'istruzione molto migliore di quella che avrei avuto rimanendo qui e soprattutto per fare un'esperienza che non mi sarei neanche potuta immaginare rimanendo qui a casa.

DUE
F: La paura non è tanto, almeno nel mio caso, non è stata quella di doversi trasferire fuori e vivere da sola, anzi, vivere da sola è un'idea che mi piaceva, perché

effettivamente ti senti libera, hai la tua responsabilità, poi dipende dal tipo di persona che si è, a me l'idea di avere le mie responsabilità piaceva. La paura stava più che altro nel fatto che, dovendo trasferirmi in una città nuova, non sapevo nulla di quella città, che era Siena, il che… la cosa assurda ancora di più è che io… Siena è una città bellissima, conosciuta in tutto il mondo e io, ammetto la mia ignoranza in materia, quando sono arrivata a Siena non sapevo assolutamente nulla di Siena, e forse questa è stata una delle cose più belle in realtà che potesse capitarmi, perché non sapendo nulla di Siena mi sono ambientata piano piano crescendo all'interno di un contesto che piano piano andavo a conoscere, e quindi non partivo con un'idea precisa del posto in cui andavo. E questa è stata una cosa buona, dal mio punto di vista, migliore rispetto all'esperienza di chi magari va a Milano e già prima di partire si dice: "Mamma mia, Milano è frenetica, è invivibile, eccetera". Così parti con ancora più ansia, secondo me.

TRE

M: Sono arrivato in questa casa non ricordo bene quando, però mi pare tipo verso il 30 di agosto, perché mi iniziavano i precorsi all'università. I precorsi sono una specie di corsi facoltativi che la mia università organizza l'estate perché servono a dare una rinfrescata di Matematica e Fisica prima che inizino i corsi veri e propri. Io li ho fatti più che altro per fare subito nuove conoscenze, per iniziare un attimo ad ambientarmi, anche perché si sa che la loro utilità dal punto di vista dello studio è relativa, però sono stato molto contento di averli fatti perché ho conosciuto un sacco di persone che magari adesso non sono in classe con me ma con cui continuo ad uscire, con cui continuo a vedermi, però ho conosciuto anche persone che poi sarebbero state in classe con me, e quindi sono stati molto utili. Se volete fare la mia stessa università vi consiglio di frequentarli, magari non tutti, magari non tutti i giorni perché erano otto ore al giorno. Io ho iniziato a farle tutte, poi già dal secondo giorno ho lasciato Fisica e ho continuato solo Matematica.

QUATTRO

M: Io mi sono trasferito da un paese piccolo della Puglia a una grande metropoli come Roma. Sono partito, devo dire, con molta incoscienza, nel senso che non mi ero informato né sui prezzi delle case, né sul costo della vita, né sul tipo di università che sarei andato a frequentare che, io non lo sapevo, ma era un'università molto grande e caotica, in cui è molto facile perdere di vista l'obiettivo, bisogna avere una grande capacità di gestirsi, una grande motivazione per riuscire ad arrivare in fondo al percorso universitario, visto che si è completamente da soli: non si è seguiti, le classi sono composte da centinaia di persone, il rapporto con i professori è molto difficile costruirlo, nel senso che quando si è così tanti non si può pensare ad un rapporto diretto se non quando si va all'esame, quindi diciamo che avevo tralasciato molti aspetti, diciamo che ero partito un po' troppo d'istinto.

SECONDA PARTE

UNO

M: In questi ultimi anni che, crescendo con l'età, si fa sempre più fatica a ottenere dei risultati, si fa sempre più fatica a riuscire a essere al 100% della forma, perché comunque gli anni passano, sto cercando di guardare tutti quegli aspetti che sono fondamentali per uno sportivo. E nel cibo sto cercando comunque di mangiare meglio. La dieta mediterranea è sempre stata la base mia, quindi comunque un po' di tutto, difficilmente evito di mangiare un alimento completamente. In quest'ultimo anno ho fatto una conoscenza comunque importante, di un ragazzo, Marco Bianchi, un ricercatore, e quindi confrontandomi con lui mi ha fatto scoprire questo mondo un po' più vegano, un po' più biologico, un… sicuramente molto più sano di quello che era il mio mondo, le mie conoscenze sul cibo e piano piano sto cercando di avvicinarmi a quel mondo lì. Ovviamente il cambio non può esser drastico perché noi sportivi non è che possiamo passare dal giorno alla notte, dal bianco al nero, però ci sono molte cose interessanti che probabilmente, avessi fatto quando avevo vent'anni, magari avrei potuto ottenere risultati ancora più eclatanti. Ho sentito parlare di atleti vegani. Adesso, non mi sembra di sbagliare se dico che Carl Lewis sta facendo un'alimentazione di tipo vegano. Lo stesso mio fisioterapista, del nostro team, è vegano, quindi ogni tanto, quando lui parla con noi durante le terapie e quant'altro, ci dice sempre: "Avete mangiato… mangiate le noci, mangiate la frutta, mangiate questo, mangiate…". Cerca di indirizzarci a una certa alimentazione. Io sono sempre dell'idea che il troppo stroppia, in tutto. Quindi, ovviamente, l'umore per noi è importante e quindi magari ogni tanto regalarsi un piatto anche "normale", chiamiamolo così, io me lo… me lo concederò. Però vedo i risultati, vedo i risultati importanti, vedo i risultati nel recupero, dopo gli allenamenti. Vedo i risultati, magari, comunque fisicamente, che a trent'anni, a trentadue anni si riesce ancora ad essere a un buon livello e in effetti poi l'alimentazione è il carburante che mettiamo prima di ogni allenamento, prima di affrontare ogni giornata.

DUE 5

F: Io penso che non si può mai fermare il progresso e quindi quando una cosa… c'è una grande scoperta scientifica, c'è una nuova intuizione, si inventa un nuovo meccanismo, un nuovo supporto, un nuovo sistema di comunicazione, di solito questo alla lunga vince, vince sempre. Quindi noi abbiamo tutti guardato con una certa… stupore e preoccupazione, all'inizio, l'idea che fosse proprio nato l'e-book e nessuno in effetti ci ha creduto. Però la storia ci insegna che alla fine, invece, sarà così, cioè si leggerà nell'e-book perché ci sono troppi vantaggi, perché questo supporto alla fine sarà più utile, più facile da produrre e quindi vincerà. Questo ci creerà, secondo me non a noi della mia generazione, perché né a me come lettrice né credo ai lettori che ci leggono, a noi scrittori nati ancora nel ventunesimo secolo, probabilmente non creerà grandi cambiamenti. Noi leggeremo magari fra vent'anni nell'e-book come abbiamo imparato a leggere i libri e non ci cambierà molto. Però credo che col tempo invece questo cambierà molto anche per la nostra professione. Sto pensando a quello che è successo con la musica: la musica, da quando è passata nel digitale… alla fine l'industria discografica ha dovuto trasformarsi completamente e io conosco tantissimi musicisti che sono rimasti disoccupati perché è proprio cambiato il modo di pagare gli strumentisti, di comprare la musica e anche di fruirla, e credo che questo alla lunga sarà il grande problema degli scrittori e degli editori, cioè trovare il modo di venderli questi supporti nell'e-book. Perché noi sappiamo che tutto ciò che sta in rete tendenzialmente in realtà è gratis e quindi sarà difficile riuscire a fermare i contenuti. Del resto, secondo me non si può farlo, e la bellezza della rete è anche questa, cioè la sua libertà. Solo che una volta che i contenuti sono in rete sono giustamente incomprabili, e questo nel tempo cambierà moltissimo il modo in cui uno scrittore potrà essere remunerato per il suo lavoro, per un editore fare investimenti sugli scrittori. Non cambierà niente per i lettori che si abitueranno a leggere in un altro modo.

TRE 6

F: Quattro anni fa ho scritto questo libro autobiografico, che poi in realtà io amo definire più un diario, dove mi sono raccontata e dove ho raccontato sicuramente una tragedia che ha segnato la mia vita in una… dividendola in un prima e un dopo, un diario dove ho raccontato la sofferenza, la fatica, il sudore, la paura, ma anche la voglia di vivere, la voglia di ricominciare e tutte le cose belle che ho tirato fuori dietro a questa grande tragedia. In realtà il libro, chiaramente essendo uscito nel 2013, è fermo a quella data e nel frattempo io ho fatto mille altre cose, tra cui anche "Ballando con le stelle" e, dato che la Carlucci ormai ha creato un mostro, e mi diverto un sacco a ballare, mi tengo buono Todaro e abbiamo fatto un esperimento a teatro insieme, abbiamo visto che funzionava e poi grazie anche a Edoardo Sylos Labini che ha curato la regia, ci ha aiutato a trasformarlo in un vero e proprio spettacolo teatrale dove io racconto la mia storia in prosa, musica e danza. Mi racconto attraverso dei monologhi, mi accompagna sul palco Daniele Stefani, musicista e cantante con una voce da paura, oltre ad essere un mio caro amico; e poi momenti che… racconto il mio percorso anche attraverso il ballo con alcune coreografie di Raimondo Todaro e balliamo insieme e vuole essere un inno alla vita. Poi l'idea della tournée nasce dal fatto che abbiamo trovato aziende sensibili che hanno creduto in questo progetto e mi piace ricordare che buona parte dell'incasso di queste serate e quindi dell'intera tournée che, come già detto, ci ha visto a Milano, Roma e anche Mestre a inizio novembre, adesso ci porta a Bologna e a Firenze e l'incasso sarà devoluto alla mia onlus, la "Disabili no limits" per aiutare altri disabili ad avvicinarsi allo sport.

QUATTRO 7

M: Dunque, io volevo fare il… in qualche modo volevo fare un mestiere che mi consentisse di stare sul palco. Volevo fare l'attore o il cantante, perché da bambino, avevo 5 anni, erano le due figure che avevo identificato come persone che stavano su un palco e prendevano un applauso. Il pianoforte è arrivato quasi per caso perché i miei genitori, che non erano musicisti, non ho musicisti in famiglia, mi hanno proposto di iniziare uno strumento per accompagnare un giorno la mia voce in caso avessi fatto davvero il cantante, quindi poteva essere il pianoforte, la chitarra, la fisarmonica alla fine. La scelta è caduta sul pianoforte e io poi mi sono appassionato dello strumento. Ma, devo dire, la cosa si è risolta decisamente a favore del pianista rispetto alla voglia mia di fare il cantante, quando ho incontrato sul mio cammino i dischi di Renato Carosone perché finalmente c'era uno che faceva più o meno quello che avevo in mente io: il guitto, l'autore, il pianista preparato, però anche il cantautore e il performer, e l'attore in un certo senso. Quindi lì io ho capito che avrei voluto continuare davvero col pianoforte e poi mi sono distratto. Quindi prima di arrivare a cantare nell'ultimo disco, o cantare qua e là in altri dischi – ma in questo caso ho scritto proprio le canzoni, testo e musica – prima di arrivare a fare questo, mi sono diplomato in pianoforte a Firenze e nel frattempo, di nascosto, ho studiato l'improvvisazione jazz.

Era decisamente meglio non dire nulla. In quel conservatorio, ma in conservatorio in generale, perché il corso di jazz non esisteva e perché in generale addirittura la voce più comune fra i ragazzi, cioè fra i professori e quindi fra i ragazzi, perché erano manipolati psicologicamente dai professori, la voce più comune era che suonare jazz ti rovinava le dita, ti rovinava le mani. Non in senso fisico vero e proprio ma ti rovinava l'impostazione delle mani e quindi poi suonando Beethoven avresti avuto delle difficoltà o avresti avuto male alla mano perché avevi studiato jazz.

CINQUE

M: Questa determinazione e decisione, nel mondo del tennis, che significa, viaggio, impegno, determinazione è fondamentale.
F: Sì, è fondamentale perché comunque ci gestiamo praticamente da sole. Dobbiamo organizzare tutto noi stesse con l'aiuto del nostro allenatore la maggior parte delle volte, quindi magari io personalmente mi divido col mio allenatore: lui prenota gli hotel e io faccio… io prenoto i voli, io mi iscrivo e mi cancello dai tornei.
M: Una definizione: "La vita di un tennista è uno straziante, eccitante, orribile, sorprendente vortice".
F: Il problema secondo me, del tennis, è che le belle sensazioni durano troppo poco. Nel senso che magari fai una partita meravigliosa, batti la numero uno al mondo quindi è un traguardo, no? Per te, e per il tuo allenatore, comunque, è un grosso passo. Però il giorno dopo devi cancellare quello che hai fatto, a meno che non sia una finale e hai vinto il torneo, che comunque quello ti rimane sempre, però il giorno dopo, come la maggior parte delle volte, devi tornare in campo e ricominciare.
M: È un vortice.
F: E ricominciare… Il giorno dopo aver fatto magari una partita bellissima, e quindi quel… quel momento di felicità estrema si trasforma in delusione dopo neanche ventiquattro ore.
M: A proposito di peculiarità del tennis, altra frase interessante: "Il tennis è lo sport nel quale gli atleti parlano da soli e si rispondono anche."
F: Sempre. Infatti molto spesso è più una lotta con te stesso che con quello che c'hai davanti. Perché comunque quando sei in campo e hai tempo tra un punto e l'altro, tu vai analizzando tutto quanto. Tutto quello che hai fatto, l'errore che hai fatto, dove dovevi giocare, come avresti potuto farlo, ti arrabbi perché dici: "Come puoi sbagliare quel punto?", dopo che ti alleni tutto l'anno a fare quella specifica cosa e poi arrivi lì e la sbagli, allora diventi scemo molto spesso. E quindi ti parli da solo, ti dai delle soluzioni anche molto spesso da solo.
M: Che ruolo ha la rete che divide te e il tuo avversario?
F: Uff, eh…. Avete visto il film "Match point"?
M: Sì volevo chiederti se tu l'hai visto.
F: Ecco, è perfetta quella definizione, che alla fine, no? Quando tu vedi quella pallina che, o in quel caso l'anello, che rimane da una parte o dall'altra del ponte… è una palla, un istante, una linea, un *net*, una chiamata dell'arbitro che può andare a favore o meno, e cambia tutto.

SEI

F: "Due partite" è stata una commedia di grande successo di Cristina Comencini. Secondo te, adesso con il film, il pubblico reagisce diversamente tra pubblico maschile e pubblico femminile?
F: Ho appena visto un'anteprima con il pubblico, a Firenze, mi sono resa conto che, sì, l'80% in sala erano donne, ma ridevano tutti, applaudivano negli stessi momenti, insomma, come a teatro. Il testo è talmente… talmente spassoso, talmente intelligente, che diventa in qualche modo comico.
F: Tu sei Beatrice. Il rapporto di Beatrice con le altre, il valore dell'amicizia.
F: Ho proprio… siamo un gruppetto di quattro amiche, ci vediamo rigorosamente senza uomini, magari per parlare di uomini. Sì, è assolutamente fondamentale, forse una delle cose più belle per una donna, è stare a parlare con altre donne.
F: Tu hai detto che per fare una donna degli anni '60 hai pensato a tua madre.
F: Be', per forza. Quando ho incontrato Cristina per la prima volta a leggere il copione, insomma ormai tre anni fa, quando abbiamo fatto per la prima volta lo spettacolo, mi ha detto: «Guarda, secondo me lei è una provinciale. Tira fuori il tuo accento», e da questa piccola chiave, è diventata poi una grande chiave, perché poi alla fine io ho visto mia madre, e ho fatto mia madre in tutto e per tutto. Ed è stato forse il personaggio più facile che ho fat-

to in vita mia. Io mia madre me la sono portata addosso credo come, non so, come tutte le donne, ma insomma, me la sono portata addosso tutta la vita, questo è un buon modo voglio dire forse, per esserne un pochino liberata, portarla in scena, perché in qualche modo l'ho subita e molte volte mi sono detta: «Oddio sto diventando come mia madre!». Adesso guardo mia figlia e spero che lei non mi assomigli per niente e che non dica mai: «Oddio sto diventando come mia madre!».

TERZA PARTE

UNO

M: Il personaggio simbolo è Tex Willer ma dalla fantasia e dal talento degli autori e dei disegnatori della "Sergio Bonelli Editore" sono nati tantissimi volti del fumetto italiano. Michele Masiero è il direttore editoriale. Masiero, partiamo dalle origini.

M: La casa editrice "Sergio Bonelli Editore", che allora non si chiamava naturalmente ancora così, nasce all'inizio degli anni '40, quando Gianluigi Bonelli, che in futuro sarà il creatore di Tex Willer, rileva una rivista che si chiama "Audace" e da qui nasce appunto la casa editrice "Audace". Nel secondo dopoguerra la moglie Tea prende in mano le redini della casa editrice e fa nascere quella che è un po' l'editoria a fumetti italiana di quegli anni. Trasmettendo poi al figlio Sergio la proprietà e il proseguimento delle avventure della casa editrice e negli anni '80 la casa editrice prenderà appunto il nome di "Sergio Bonelli Editore".

M: Parliamo un po' dei vostri personaggi.

M: Naturalmente il personaggio più importante è Tex, che ha compiuto nel 2018 settant'anni ed è tuttora in edicola ed è tuttora il più venduto in Italia. È partito un po' in sordina, è esploso tra gli anni '60 e gli anni '70 diventando non soltanto un fumetto ma un fenomeno di costume. Però moltissimi altri personaggi importanti hanno attraversato la storia della casa editrice: basti pensare a Zagor e a Mister No, creati da Sergio Bonelli, oppure a Martin Mystere, a Dylan Dog, per venire a tempi più recenti, che è stato l'altro grande successo dalla fine degli anni '80 e ha travolto un po' le giovani generazioni, rinnovando anche un po' il pubblico del fumetto stesso.

M: Chi legge i fumetti?

M: Noi pensiamo di avere un pubblico dai 9 ai 99 anni, per dirla… magari anche più giovani, nel senso che il fumetto Bonelli è quello che attraversa le generazioni, diciamo che è passato da padre in figlio, nel corso degli anni, trasformandosi anche a seconda dei personaggi, nuovi e più moderni, che venivano inventati. Ovviamente è stato un pubblico più maschile inizialmente, ma per esempio con i nuovi personaggi come Dylan Dog, una forte componente femminile ha cominciato a leggere fumetti. Diciamo che abbiamo un pubblico un po' transgenerazionale, ecco. Adesso forse è più difficile riuscire a trovare le giovani generazioni, per questo stiamo anche cercando di realizzare fumetti proprio dedicati a giovani generazioni. È più difficile di un tempo ma è la nostra sfida e continueremo a provarci.

M: Come si realizza un albo?

M: Un fumetto nasce da un soggetto. Il soggettista, che in genere corrisponde anche poi allo sceneggiatore, propone un'idea. Se l'idea viene approvata, si passa appunto alla sceneggiatura, che significa la descrizione, vignetta per vignetta, coi relativi dialoghi, di quello che dovrà essere disegnato. Viene passato al disegnatore, che appunto fa il suo lavoro, vignetta dopo vignetta, costruendo… i tempi per i disegni sono lunghi, alle volte ci vuole un anno quasi per realizzare cento pagine di un nostro fumetto, per questo abbiamo molti collaboratori. Quindi poi vengono scritte le paroline, diciamo, il *lettering* all'interno dei *balloon*, viene corretto e riletto più volte il tutto e mandato in stampa. La tavola bonelliana in genere è composta da 5 o 6 vignette, di 100 pagine, ogni albo. Tex per esempio ne ha anche qualcuna di più, 112, e come dicevo il lavoro è molto lungo per quanto riguarda il disegno perché vengono realizzati ovviamente a mano. Adesso magari non più su carta, nel senso che molti cominciano a lavorare con le tavolette grafiche, però è sempre un lavoro che viene eseguito a mano, anche sulla tavoletta. È un lavoro tra l'artigianale e l'artistico, diciamo, questo del disegnatore, con punte molto molto eccelse.

DUE

F: Bellissime immagini, un'interpretazione molto intensa di entrambi in questa fiction che, ricordiamo, è una fiction che si ispira alla storia vera di un nostro maratoneta che come Luigi si sentiva effettivamente mingherlino, era anche deriso per questo, ma aveva una tenacia, una forza di volontà, un desiderio di vincere straordinario.

M: Sì, infatti, Dorando Pietri ricapitola un po' queste che sono le virtù dello sportivo: intanto che lo fa per una grande passione cioè… lui ripete più volte che lui vuole solo correre. Si mette contro anche il padre. Erano tempi in cui fare sport, era una cosa che la facevano soltanto i ricchi. Un uomo che lavorava i campi,

a parte la stanchezza, non poteva avere l'ozio per potersi dedicare al passatempo della corsa. Non avrebbe avuto neanche tra l'altro le energie.
F: Infatti nella selezione viene scartato all'inizio perché non può mangiare carne, solo polenta. È troppo povero per sostenersi.
M: Il fratello Ulpiano, interpretato da Thomas Trabacchi, ruba la carne per sostenerlo. E quindi diciamo la cosa che lo rese famoso fu innanzitutto questo, cioè la grande prova di un uomo appunto con dei limiti fisici, che io racconto, che però impressiona quello che era in quel momento il mondo, cioè praticamente chi stava dentro lo stadio di Londra.
F: Il mondo rurale, il mondo povero, della nostra Italia.
M: Certo, ma che nonostante le difficoltà, con la forza di volontà, con una dedizione, un'applicazione fortissima, con un grandissimo allenamento… abbiamo visto infatti delle immagini proprio dell'allenamento, senza il quale appunto non si può compiere un gesto così importante.
F: Ho letto che l'atletica che hai fatto da ragazzo è servita in questo caso.
M: Sì, sì, diciamo non ero proprio un campione come lui, però ho fatto agonisticamente, sono arrivato ai campionati italiani, facevo quindi…
F: Vogliamo ricordare però che questo sogno si è infranto alle Olimpiadi del 1908, miseramente, perché dopo un'apparente vittoria con grande sacrificio e quasi a rischio della vita, è stato squalificato, Pietri.
M: Però nessuno si ricorda chi ha vinto la maratona di Londra del 1908 ma tutti si ricordano di Dorando Pietri; già in quel momento si aveva la percezione che l'impresa era leggendaria perché vari scrittori tra cui Conan Doyle, lo scrittore appunto che ha scritto Sherlock Holmes, scrissero già degli articoli e convinsero la regina a premiarlo con un premio esattamente uguale a quello del vincitore, proprio perché non era tanto la vittoria dal punto di vista appunto delle regole ma la grande impresa fatta da quest'uomo, che il film racconta in maniera abbastanza millimetrica.

TRE 12

F: Ma tu, sei conosciuto più tu o le tue canzoni?
M: Questa è una bellissima domanda.
F: Anche perché tu in televisione ci vai molto poco, no?
M: Sì, perché per quanto mi piaccia il vostro lavoro, il vostro dico di chi informa, chi lo fa bene ancor di più – ecco, qua sviolinata proprio alla grande – mi piace perché lo vorrei anche fare, dico la verità, ho avuto delle piccole esperienze anche all'estero di conduzione di cose molto semplici, però mi è piaciuto. Quanto mi ci confronto… in maniera difficile perché comunque queste sono… questa è quella piccola eredità dei 111 chili, cioè comunque l'inadeguatezza del rapporto col corpo, con l'immagine, quindi non è facile per quello.
F: Ma cosa ti è successo con un tassista l'altro giorno?
M: No, in realtà parlavamo… questo… il rapporto tra sei più famoso tu o le tue canzoni. Adesso sono più famoso io, nel senso che più famoso… quasi… quando diventi popolare diventa più popolare quasi la faccia ed è quasi difficile riconoscere le canzoni. Una volta con un tassista, il tassista insomma si vantava del fatto che non mi avesse riconosciuto e per me va benissimo, perché io non ho smanie di essere riconosciuto ovunque. E io ho detto: "Facciamo un gioco, se io le nomino almeno 10 titoli di canzoni mie che Lei conosce, non pago la corsa". Diciamo che ho vinto io. Perché in realtà tanto poco vado d'accordo con la televisione nonostante mi piaccia, quanto vado d'accordo con la radio che amo, ed è un amore reciproco, perché la mia è una musica fatta da chi ha sempre ascoltato la radio da piccolo, quindi evidentemente la faccio quasi anche pensando alla radio perché è un amore spontaneo, quindi mi passano tanto le radio, che ringrazio, perché il mio successo l'hanno fatto le radio. Io sono andato al numero 1 con "Perdono", la mia prima canzone, non ero mai andato in televisione, perché ero giovane. Insomma, ancora i programmi televisivi non ti invitavano, quindi in quel momento nessuno sapeva io che faccia avessi. Andavo in giro per la mia città e mi fermavano dei conoscenti che mi chiedevano: "Ma tu, m'hanno detto che hai fatto una canzone, hai fatto…" e io dicevo: "Sì, guarda, si chiama Perdono" e mi dicevano: "Ah, ma sei tu quello di Perdono? Non ci posso credere!". E devo dire che da lì ho iniziato a capire che la televisione potevo anche evitarla.
F: Senti, Tiziano, parliamo dei tuoi progetti futuri. Tu hai dichiarato che vuoi essere libero, diciamo, nella tua produzione artistica. Questo comporta qualche rinuncia?
M: No. No, perché io da una parte sono stato molto fortunato perché nonostante quello che si dice dei discografici a volte – io immagino la gente come appunto immaginerà questi discografici, come dei diavoli, dei mostri, se ne parla sempre male – io invece sono stato fortunato, ho trovato sempre persone che mi hanno fatto fare quello che volevo con grande libertà, con grande rilassatezza, anche quando ho cercato di inserire dei margini di rischio abbastanza alti, no? Inserire delle sperimentazioni che non erano magari

proprio in linea con le mode del momento, musicalmente, mi hanno sempre lasciato fare. No, la libertà sta nel privilegio di poter scegliere i tempi, scegliere… e poi, detto molto banalmente, io è da quando ho 18 anni che sono sotto contratto, voglio provare…
F: Ah, ecco, quindi vuoi provare…
M: … la voglia di essere libero, di dipendere soltanto da me, ma non perché io prima mi sentissi costretto…
F: Quindi nel futuro prossimo non sarai sotto contratto.
M: No, diciamo che questo discorso è nato dal fatto che questo mio disco, è l'ultimo, l'ho fatto con la mia casa discografica, che è la EMI Music con la quale lavoro da 10 anni con grande gioia. Quindi io non sto rompendo con loro per andare con altri discografici. Sto veramente chiudendo un periodo della mia vita che voglio iniziare a vivere per una volta da disoccupato, mi metto in aspettativa, mi prendo una pausa, con grande gioia per il privilegio di farlo e voglio provare questa sensazione.

QUARTA PARTE

UNO

M: La mia missione si può distinguerla in due fasi separate: la parte del… del lancio e del rientro e la parte di lavoro a bordo della Stazione spaziale internazionale. Durante la prima fase, quella del lavoro a bordo della navetta spaziale Soyuz, io sarò l'ingegnere di bordo che è un po' l'equivalente di un copilota. Ovvero io sarò responsabile di tutti i sistemi della navetta spaziale e di supportare il comandante nel suo ruolo di comandante della navetta. Dopodiché una volta a bordo della stazione mi trasformerò in un istante in un ingegnere, uno scienziato oppure al momento giusto anche in uno *space walker*, ovvero una persona che fa attività extraveicolare; la parte di ingegneria, perché noi manteniamo la stazione nelle sue condizioni e continuiamo a migliorare le performance della stazione, allungarne la vita per renderla sempre migliore; la parte di scienziato perché noi abbiamo a bordo centinaia di esperimenti in qualsiasi momento ed io sarò responsabile di effettuarne tanti durante il mio… il mio incremento e sarò anche una cavia ovvero sarò sottoposto a degli esperimenti. Ad esempio un esperimento molto importante a cui tengo parecchio perché è italiano è l'esperimento *Green Air*, in cui la combustione verrà studiata per cercare di diminuire l'impato nocivo degli effetti della combustione e questo è qualcosa che in un momento in cui parlare di economia ed ecologia allo stesso tempo è estremamente importante. Inoltre la mia missione è ricca di interessanti avvenimenti: abbiamo molte astronavi che faranno il *docking*, ovvero l'approdo alla stazione e che lasceranno la stazione e noi astronauti saremo indispensabili per il controllo di questi veicoli.

DUE

M: Una gloria nazionale dell'Italia sul piano gastronomico e da tutti riconosciuta è quella dell'arte di fare i sorbetti e i gelati. È un'arte che risale con ogni probabilità al Cinquecento, all'età rinascimentale e che ha alle spalle un complesso dibattito su quello che veniva allora chiamato il "bere freddo"; un dibattito sostenuto principalmente dai medici: si era affermata nella società di corte del '500 questa abitudine di bere bevande ghiacciate durante o alla fine dei pasti e c'è appunto tutta una trattatistica medica contro o pro questa nuova abitudine contrapposta a quella tradizionale del "bere caldo" o semplicemente del "bere a temperatura ambiente". Questi sistemi di raffreddamento o addirittura di ghiacciamento delle bevande che viene messa a punto nel Cinquecento è all'origine di questa arte della sorbetteria che noi troviamo già presente in Italia in maniera molto forte nel secolo successivo, nel Seicento. Nel Seicento, in alcune città italiane, soprattutto Venezia e Napoli, sono presenti delle botteghe in cui si vendono i sorbetti e Antonio Latini, un personaggio importante della storia della cucina italiana, marchigiano, quando nel 1659 arriva a Napoli, scopre, come scrive, che: "in città pare che ognuno nasca con il genio e con l'istinto di fabbricar sorbetti", e anche assorbendo questa nuova cultura che gli gira attorno, Latini, autore tra il 1692 e 1694 di un importante trattato di cucina, pone in appendice a questo trattato una parte dedicata a come si fanno i sorbetti o le acque *agghiacciate*, come scrive lui. E sono le prime ricette scritte su come si mescola opportunamente lo zucchero, il sale, la neve, ai succhi di limone, di fragole, di altri frutti ma anche a erbe aromatiche, anche a spezie come la cioccolata, la cannella e aromi diversi.

TRE

F: Il Romanticismo è un fenomeno che si diffonde in Europa tra la fine del Settecento e la prima metà dell'Ottocento e coinvolge molti aspetti della cultura, dalla letteratura all'arte fino alla musica ma anche il pensiero e il costume, anche nella vita quotidiana. Viene da sé che è difficile se non impossibile darne una definizione sintetica o univoca. Anche perché come vedremo questo fenomeno assume connotazioni diverse in base al Paese in cui si sviluppa. Cerchiamo di scoprire insieme quali sono le basi su cui si sviluppa questo movimento. Ma prima ancora occorre fare una piccola precisazione sull'origine del termine "romanticismo". Il termine *romantic* è usato per la prima volta in Inghilterra verso la prima metà del Seicento, quindi in pieno clima razionalista, e viene usato in senso spregiativo per descrivere quegli aspetti fantastici e assurdi del *romance*, cioè un genere letterario che comprende i componimenti, cavallereschi e leggendari, che si ispirano o al Medioevo o al Rinascimento. Nel Settecento l'aggettivo *romantic* perde la sua accezione prettamente negativa per indicare una disposizione d'animo più positiva, più sentimentale. Viene anche usato per indicare gli aspetti selvaggi, solitari e malinconici della natura. Nella "Nuova Eloisa", Rousseau definisce con il termine *romantique*, per usare le parole dell'autore stesso, "qualcosa di vago e indefinito", che rapisce lo spirito e i sensi. Infine questa parola viene usata anche in Germania dagli scrittori che si raccolgono attorno alla rivista "Ateneum" in contrapposizione con la letteratura classica. Quindi vogliono indicare una pienezza dell'animo, lacerato però, e questo è un concetto fondamentale per il romanticismo europeo, da un senso di mancanza e di inquietudine.

Trascrizione dei testi della prova ASCOLTARE

PRIMA PARTE

ZERO

M: Io avevo la necessità di scrivere qualcosa che fosse, che riguardasse il positivo della vita, e che ci fosse, ci fosse un messaggio di speranza dietro magari per, di, ecco per mettere in positivo, una scrittura in positivo volevo fare. E questo è stato, alla fine. È uscito fuori "Credi in me", parla dell'importanza che c'è tra le persone di… di… di avere qualcuno che creda in noi, no? Cioè in un rapporto, in una, cioè che sia sul lavoro, che sia nella vita quotidiana, di avere qualcuno che abbia fiducia nelle nostre capacità, nelle nostre potenzialità, però proprio dal punto di vista umano, è all'interno, può essere all'interno di una relazione, può essere all'interno di un rapporto lavorativo, può essere semplicemente per riuscire… a trovarsi un posto nella società, oppure a finire un anno scolastico, ecco, quello poi vale in tutti gli aspetti della vita, insomma, avere qualcuno che crede in noi è fondamentale.

UNO

M: Perché è un po' un pugno che abbiamo ricevuto noi dalla vita, quello scossone che s'è, che abbiamo attraversato con le nostre vicissitudini del gruppo e nonostante ciò ci ritroviamo qui a parlare del disco, perché ci ha dato la forza per ripartire, perché non è importante quante volte cadi, quante volte picchi il muso per terra, ma è importante quante volte hai la forza poi per rialzarti, per affrontare tutta la tua vita di tutti i giorni. Naturalmente la *title track* rinchiude un po' il concetto basilare di tutto il disco, cioè di… di non smettere mai di sognare, di… nonostante la vita ti possa sottoporre a delle problematiche o delle vicissitudini che vivono tutti quotidianamente, io, te, lui, la musica, l'amore, la vita, sta a te trovare la forza per rialzarti, per andare avanti.

DUE

M: Lo ritengo proprio un punto di ripartenza soprattutto per ciò che riguarda l'aspetto della… stilistico della produzione, delle sonorità. Ci sono degli inediti e poi ci sono invece dei brani che vengono dal progetto immediatamente precedente "Do l'anima" che, ricordo, comunque un progetto meraviglioso, anche quello prodotto a quattro mani con il maestro Lucio Violino Fabbri, ma questo era proprio per in qualche modo soddisfare la mia esigenza di… si sa che la musica è una forma in continua evoluzione, quindi delle sonorità, quindi di un certo tipo di attualità con cui siamo arrivati proprio invece con il progetto "Con te". Tutto "Con te" è permeato da questo esternare in maniera ancora più forte e anche più semplice di quello che io faccio in genere, perché in genere mi piace naturalmente molto riferire delle mie riflessioni personali però sempre sull'esterno, sul sociale, sul collettivo. In "Con te" invece ho affondato molto sul dichiarare cose che sono anche abbastanza private. Poi si parla d'amore in questo caso, di una mia vita non vissuta, cioè di avere una famiglia e un figlio.

TRE

F: Il titolo è stato sofferto nel senso che, la rosa dei brani dell'album era tanta e quindi quando ho concentrato le canzoni, abbiam capito le canzoni all'interno dell'album, ho capito il titolo. Allora, prima cosa c'è un brano dell'album che si chiama "Nero". Seconda cosa è la mia direzione così, questa sterza… sterzata che ho fatto verso il rock vero, in tutto, tutto messo a fuoco, in tutto l'album e quindi essendo un non colore, proprio una direzione decisa, in più c'è moltissima musica black all'interno, e l'altra è che il nero secondo me è anche, secondo me, ma secondo tanti, è anche l'immagine del rock.

QUATTRO

F: È vero, "Nessuna paura di vivere" è un po' se vuoi, anche un po' slogan, nessuna paura riguardo ai… ai rapporti sentimentali, ai rapporti con… d'amicizia, ai rapporti di lavoro, nella società, nel… nell'approccio con il diverso, con qualsiasi… con se stessi anche, no? È un po' il significato di tutto quanto il materiale che c'è nel disco, alla fine. "Deboli di cuore" è stato il primo singolo per il semplice motivo che un po' è il genere, canzone tipo manifesto della… del contenuto del disco ed è… parla di chi vuole ancora buttare il cuore oltre l'ostacolo, vuole ancora emozionarsi, vuole ancora prendersi i propri spazi, i propri tempi, vuole decidere della propria vita, si guarda nello specchio anche magari facendo una smorfia, nel senso che non è tutto bello quello che si vede però semplicemente sei tu.

SECONDA PARTE

BRANO A

F: Ecco, siamo appunto qui a *Fuori menu*, il tuo programma, ce ne vuoi parlare?
M: Allora, chi non ospita a casa? Chi non fa delle cene con gli amici? E chi non vorrebbe aprire un proprio ristorante? Per cambiare vita, per buttare dietro la vecchia vita e dire: "Oggi voglio cambiare e aprirmi un ristorantino"? Diamo la possibilità a due coppie di gestire un ristorante intero per un giorno, con venti commensali che danno un costo al loro menu: hanno due ore di tempo per fare la preparazione e un'ora e mezza per servire questi venti commensali. Il menu totalmente a loro scelta. Cosa faccio io? Gli do due miei cuochi, la mia cucina a disposizione, e loro devono riuscire a completare il servizio. Molto semplice: parliamo di un antipasto, due primi, un secondo e un dolce. Voi sapete bene che in una carta di qualsiasi ristorante la scelta è molto più ampia, e normalmente i clienti sono anche molti di più. Però arrivano tutti pieni di… ehm… pieni di gloria: "Io tutte le domeniche faccio da mangiare per almeno cinquanta persone". A casa tua, però, dove hai il tempo, le tue attrezzature e tutta la tranquillità di poterlo fare di fronte ai tuoi amici che non ti criticheranno mai; invece in un ristorante vero no. E infatti difficilmente riescono a finire la sfida. Questa è un po' la sintesi di *Fuori menu*.
F: Secondo te c'è… in questo periodo c'è una riscoperta del mangiare a casa, insieme con gli amici?
M: C'è un po' di… di riscoperta di convivialità, di… di voler… di voler stare insieme e di poter giocare in cucina e sperimentare perché sono dei… dei beni quotidiani… una necessità quotidiana, cucinare se uno può renderlo divertente, un momento di aggregazione, di scambio, un atto d'amore, come lo chiamo io, ma perché no?
F: Hai mai cucinato per una band?
M: Ho mai cucinato per una band? No, è il mio sogno. Vorrei tanto cucinare per una band, sì.
F: Chi e che cosa faresti?
M: Eh… bella domanda. Chi e che cosa farei? Mh… allora, vediamo un po'… una band, be', più che una band, per esempio, ecco, mi piacerebbe cucinare per Bruce Springsteen. Io che sono in parte americano, mi… mi farebbe piacere fargli… fargli provare magari il mio… il mio hamburger, io sono un appassionato di hamburger, e quindi c'ho una versione italiana di un hamburger che mi piacerebbe fargli provare. Speriamo… Boss, mi raccomando, se senti questa intervista, una telefonata e io arrivo! E anche per Valentino Rossi, vorrei cucinare, il mio mito.
F: E invece magari le band un po' più strong tipo i Metallica no?
M: Sì, e come no? Magari potessi andare in tour a fare il loro cuoco, sarei l'uomo più felice del mondo!
F: Be', si potrebbe lanciare un nuovo mestiere, il cuoco del tour, perché si sa che il catering è sempre un po'… lascia un po' il tempo che trova…
M: Perché no? Vorrei essere il cuoco personale del tour anche di Chris Cornell, non so, dei Soundgarden… cioè, insomma, quello... sì, perché no? Volentieri.

BRANO B

M: Io preferisco non dire troppo della mia vita privata non per eccessivo pudore, ma perché mi piacerebbe scomparire dietro le cose che faccio, quindi non credo sia modestia, credo anzi sia l'ambizione più grande, penso che se tu sai tutto di me, se conosci ogni angolo della mia vita poi ti riuscirebbe difficile credere che un giorno io sia Bertone, il giorno dopo Pinelli o il Libanese, o Bartali, per cui c'è da una parte sicuramente un pudore personale, una voglia di tenere la mia famiglia nella normalità della famiglia di tutti quanti però anche un'utilità, in questo, professionale. Non ho un sogno vero da attore e in questo riconosco di essere proprio forse attore, cioè la proposta successiva o il provino fatto su un ruolo nuovo mi infiamma, non saprei dire: "Ah, mi piacerebbe tanto fare quel ruolo lì". Venendo dal teatro è chiaro che ci sono magari alcuni classici teatrali che ho letto, riletto, desiderato rifare, temuto di avvicinare, però non sono di quelli che dicono: "Ah, vorrei tanto fare… Garibaldi", non mi viene da pensarlo proprio perché mi piace essere sorpreso da questo improvviso turbinio che c'è quando ti affidano un ruolo e piano piano della realtà intorno a te riesci a vedere tutti gli aspetti che hanno a che fare con quella storia, con quell'uomo.

BRANO C

M: Proviamo a tracciare un profilo, un identikit del giovane studente potenzialmente idoneo a studiare un anno all'estero. Quali sono secondo te le caratteristiche essenziali?

F: Le caratteristiche essenziali sono sicuramente la flessibilità, la curiosità, la fiducia nei propri mezzi e capacità di prendere iniziative, il desiderio di apprendere, la capacità di apprendere, l'abilità di affrontare situazioni ambigue e confuse, l'interesse per persone diverse per cultura, etnia, grado sociale. Cioè, rispetto delle diversità sostanzialmente. E poi, l'empatia. Bisogna saper assumere anche il punto di vista degli altri.

M: Abbiamo parlato molto di Brasile, Beatrice, finora. A chi consigli un'esperienza in Brasile? Quali vantaggi può offrire un'esperienza del genere, in un continente diverso dal nostro?

F: Mah, un'esperienza in Brasile… Io in genere, quando seleziono i ragazzi in partenza, consiglio un'esperienza in America Latina, mi accerto che siano ragazzi con voglia di mettersi in gioco, ragazzi avventurosi, ragazzi socievoli e con un certo grado di predisposizione verso il sociale. Mentre invece, per esempio, se parliamo di ragazzi che vogliono andare in Asia, ecco che qui in questo caso una maggior riservatezza si adatta maggiormente alle culture asiatiche. Ed anche un alto grado di valutazione degli studi e della scuola.

M: È interessante notare come a caratteri si può… si possa abbinare anche continenti al Paese. Tu sei volontaria da oltre vent'anni, nel selezionare ragazzi in partenza per l'estero e formandoli. Le tecnologie di globalizzazione hanno cambiato molto il mondo in questi vent'anni: i ragazzi che partono oggi, ti chiedo, sono più consapevoli e globali rispetto ai primi che hai formato?

F: Sicuramente sì. Sono… Erano molto bravi e molto in gamba anche quelli di vent'anni fa. Però quelli di oggi sentono l'anno all'estero, l'idea dell'anno all'estero, come una vera e propria necessità. Cioè, si rendono conto che vivere nel mondo di oggi globalizzato, interconnesso richiede davvero che si acquisiscano delle capacità di interagire con il prossimo, molto diverso da noi, perché serviranno un domani al loro futuro, al loro lavoro, ai loro studi, alla loro vita sostanzialmente.

TERZA PARTE

M: Bruno Pizzul ha commentato la sua prima partita per la RAI l'8 aprile 1970 e dal 1986 al 2002 è stato il telecronista di tutte le partite della Nazionale e anche delle più importanti partite delle squadre di club italiane. Oggi Bruno Pizzul è qui con noi alla *Lingua batte* per parlare proprio dell'italiano del calcio.
"Partiti", mi verrebbe da dire, Pizzul, come peraltro diceva sempre lei dopo il fischio d'inizio, "partiti" come, appunto, generazioni intere hanno sentito dire all'inizio di tante partite. Abbiamo nelle orecchie tanti suoi modi di dire dal "nonnulla", allo "chabord", al "tutto molto bello", le "parabole arcuate", i "bandoli della matassa", Pizzul, potrei andare avanti veramente molto a lungo. Ma come è nata, come si è formata questa lingua inconfondibile?

M: Mah, sicuramente non attraverso una preparazione preventiva, mi è sempre venuto abbastanza istintivo di usare magari una terminologia non consueta nelle cronache sportive. E in effetti poi molti di questi miei modi di dire mi sono diventati familiari quando, avendo io concluso la mia carriera di telecronista, sono stati rispolverati attraverso ricordi o riproposizioni e via dicendo. Però è sempre stato un linguaggio, il mio, assolutamente istintivo e momentaneo, non preparato, retaggio probabilmente delle difficoltà lessicali che ho dovuto affinare e superare durante il periodo scolastico perché magari, quando ti interrogavano, non eri del tutto preparato e cercavi di addolcire la pillola attraverso delle acrobazie di carattere lessicale, che i professori intuivano benissimo ma che finivano per accettare perché anche quel cercar di parlare arrampicandosi un po' sugli specchi era un esercizio fonetico di non trascurabile importanza.

M: Come ha scritto Giancarlo Dotto, un'altra voce storica del calcio italiano, «la telecronaca pizzuliana è calda e avvolgente come un vaso di cabernet, dalla retorica puntigliosamente forbita, le volute sintattiche ampie, sempre attente al decoro». Si riconosce in questa descrizione, Pizzul?

M: Mah, mi sembra che sia eccessivamente lusinghiera nei miei confronti anche se effettivamente ho sempre avuto la tendenza, così, a usare un linguaggio un pochino particolare con un'aggettivazione frequente talora anche ridondante, tant'è che più di una volta, quando io facevo le telecronache, qualcuno avanzava delle riserve sul mio linguaggio che era più degno, così, di altri ambiti comunicativi, laddove invece la cronaca sportiva – soprattutto, no? – dovrebbe riferire quello che è uno degli aspetti fondamentali dello sport, e cioè lo sport vale soprattutto perché trasmette emozioni e quindi anche chi racconta lo sport deve in qualche maniera fare intendere di essere coinvolto emotivamente. Il mio forse era un linguaggio qualche volta un pochino troppo forbito e ricercato, però tutto sommato vedo che è stato accettato. Naturalmente un pizzico di imbarazzo è inevitabile quando sento delle descrizioni o dei riferimenti critici come quello di Dotto, che è stato eccessivamente buono nei miei confronti.

M: Allora io, mentre lei parlava, prendevo appunti: dunque ho segnato un "talora" e ho segnato un "laddove" proprio perché questo linguaggio forbito ci piace molto. E mi è venuto in mente che Sandro Veronesi, lo scrittore ormai Premio Strega, quando era giovane faceva il caporedattore di *Nuovi Argomenti*, e più di vent'anni fa, appunto erano i primi anni Novanta, raccontò che gli capitava di leggere nei racconti degli aspiranti scrittori molto spesso "quantunque", e poi ebbe un'illuminazione sentendo una telecronaca di una partita della Nazionale e disse: «Ecco da dove vengono tutti quei "quantunque", vengono da Pizzul». Allora il calcio ormai modella l'italiano più della letteratura?

M: Be', insomma, mi sembra esagerato fare un'affermazione del genere. Ma sicuramente il linguaggio della cronaca sportiva finisce inevitabilmente per essere in qualche maniera assorbito, essere travasato anche in altri ambiti comunicativi, no? Sono moltissime le terminologie del calcio e dello sport in genere che sono diventate poi di uso corrente e comune anche nel linguaggio di tutti i giorni. Basta pensare, che so io, "serie B" è un concetto che va ben al di là di quella che è l'articolazione delle leghe sportive in serie A, serie B e serie C. Diventano modi di dire che vengono accettati e usati frequentemente anche in altri ambiti.

QUARTA PARTE

BRANO A

M: È un organismo complesso, l'uomo. Chi si diverte a fare queste statistiche ha calcolato che un uomo di 30 anni di età, di 70 kg di peso e in buone condizioni di salute è costituito da circa 100mila miliardi di cellule, molte delle quali in continuo, giornaliero rinnovamento tra di loro. 100mila miliardi di cellule. 100mila miliardi di cellule che, a partire da una cellula unica e da un gruppo di cellule uniche, le cellule staminali primitive di cui tanto oggi si parla, le cellule staminali embrionali, si sono andate poi differenziando in tipi cellulari diversi, quelli adulti. E in un uomo… un uomo adulto, noi troviamo oltre 200 tipi diversi di cellule, nell'ambito di quei 100 miliardi… 100mila miliardi di cellule che ci costituiscono. Ora, capirete bene che se questo sistema così complesso di organizzazione, quali noi siamo, non fosse dotato di un sistema perfetto di comunicazione e di relazione tra i diversi compartimenti che ci costituiscono, sarebbe il caos. Le nostre cellule devono poter comunicare e comunicare perfettamente tra di loro. Tutte le cellule comunicano tra di loro, ma in particolare l'efficienza comunicativa e quindi la nostra vita di relazione e i nostri sistemi di integrazione si basano soprattutto su tre sistemi: il sistema nervoso, il sistema endocrino e il sistema immunitario, che non agiscono in maniera indipendente; hanno molte similitudini funzionali, più di quanto si riteneva in passato, e comunicano e interagiscono fra di loro, in maniera che quello che noi siamo, a parte il nostro corredo genetico, frutto dei geni trasmessi dai nostri genitori e dai nostri antenati, dipende dal modo con cui funzionano questi sistemi.

BRANO B

M: L'arte contemporanea non è facilissima da capire; nei secoli passati l'arte era bene o male imitazione della natura, e quindi era immediatamente comprensibile ed era giudicabile da tutti, e tutti potevano ragionarne. Poi dall'inizio del secolo scorso, all'inizio del '900, l'arte è diventata astratta, informale, concettuale, ha perso il riferimento alla rappresentazione della natura, è diventata la rappresentazione di concetti, la rappresentazione di idee, la rappresentazione di percorsi; ecco questo va spiegato. L'arte ha perso anche il fatto di dover rappresentare il bello, il concetto di bello oggi non c'è quasi più; questo va spiegato, non a caso noi faremo e facciamo al MAXXI dei corsi per spiegare l'arte contemporanea, va spiegata e non è poi così difficile da capire. Una cosa è singolare: i bambini, i giovani, le generazioni ultime hanno un rapporto con l'arte contemporanea diretto, immediato e la capiscono al volo al di là di tutte le spiegazioni che noi possiamo dare. L'arte contemporanea è fatta di materiali diversi, strani, inventati, non c'è più la vecchia tela con la pittura a olio, che tutti sapevano com'era fatta, che problemi aveva, come si conserva; non c'è più l'affresco, l'affresco è un materiale complicato da fare ma poi resistentissimo nei secoli. Oggi si usano carta, si usano ovatta, si usano materiali organici, si usano le cose più diverse e gli artisti non stanno neanche a raccontare cosa hanno usato. Quindi la fragilità di queste opere è enorme, ecco, è molto difficile conservare l'arte contemporanea: intanto bisogna riuscire a capire quali sono i materiali che la compongono e poi in alcuni casi bisogna anche ammettere un concetto che nel restauro prima non esisteva, cioè sostituire le parti che sono andate a male, i materiali organici deperiscono e si cambiano.

soluzioni

■ SOLUZIONI DEGLI ESERCIZI

ASCOLTARE – PRIMA PARTE
primo esercizio: 1F, 2A, 3D, 4C
secondo esercizio: 1B, 2A, 3F, 4D
terzo esercizio: 1A, 2E, 3C, 4D

ASCOLTARE – SECONDA PARTE
primo esercizio: 1B, 2A
secondo esercizio: 1A, 2C
terzo esercizio: 1B, 2A
quarto esercizio: 1A, 2B
quinto esercizio: 1C, 2C
sesto esercizio: A1, 2C

ASCOLTARE – TERZA PARTE
primo esercizio: 1A, 2A, 3B, 4C
secondo esercizio: 1A, 2C, 3B, 4C
terzo esercizio: 1B, 2C, 3B, 4C

ASCOLTARE – QUARTA PARTE
primo esercizio: 1D, 2F
secondo esercizio: 1B, 2C
terzo esercizio: 1E, 2A

LEGGERE – PRIMA PARTE
primo esercizio: 1D, 2A, 3B
secondo esercizio: 1C, 2C, 3B
terzo esercizio: 1A, 2D, 3C

LEGGERE – SECONDA PARTE
primo esercizio: 1B, 2C, 3C, 4A, 5A
secondo esercizio: 1C, 2A, 3A, 4B, 5B
terzo esercizio: 1C, 2B, 3C, 4B, 8A

LEGGERE – TERZA PARTE
primo esercizio: 1A, 2D, 3C
secondo esercizio: 1D, 2C, 3B
terzo esercizio: 1C, 2A, 3E

LEGGERE – QUARTA PARTE
primo esercizio: 1D, 2G, 3E, 4C
secondo esercizio: 1D, 2F, 3E, 4G
terzo esercizio: 1G, 2E, 3B, 4F

■ SOLUZIONI DELLE PROVE D'ESAME

ASCOLTARE
1D, 2A, 3F, 4B, 5B, 6C, 7B, 8A, 9B, 10A, 11C, 12A, 13B, 14C, 15B, 16D, 17C, 18F

LEGGERE
1D, 2B, 3D, 4B, 5A, 6B, 7A, 8C, 9E, 10B, 11C, 12G, 13C, 14D, 15F